心理學用語大全

CONTENTS

心理學家名鑑

心理學用語圖鑑

心理學的誕生

行為主義

完形心理學

精神分析

臨床心理學

人際關係心理學

社會心理學

性格心理學

本書使用方式

本書由「心理學家名鑑」和「心理學用語圖鑑」所組成。

在「心理學家名鑑」當中，將為各位介紹 96 位人物。他們都和「心理學用語圖鑑」裡那些以圖解說明的詞彙，有著深厚的關係。

而「心理學用語圖鑑」則是本書的主要部分。當中會以圖解方式，說明逾 150 個心理學主要用語。建議各位不妨從這裡開始讀起。這個部分

心理學家名鑑

這裡介紹的人物 與「心理學用語圖鑑」當中那些以圖解說明的詞彙 有著深厚的關係。

人物
以插圖呈現96位心理學家，他們都與本書圖解說明的詞彙密切相關。

地區
與該位心理學家淵源甚深的地區，例如家鄉等。

簡介
介紹該位心理學家的基本資料。

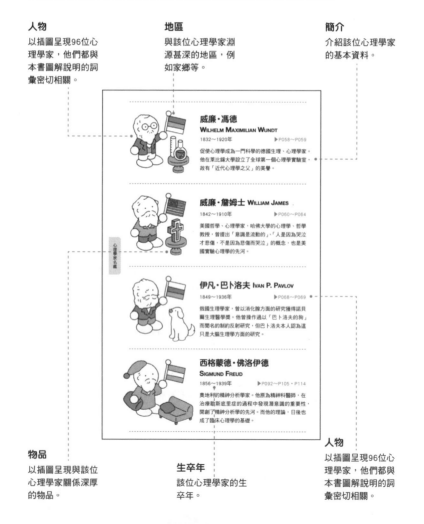

威廉・馮德
WILHELM MAXIMILIAN WUNDT
1832～1920年　▶P058～P059
促使心理學成為一門科學的德國生理、心理學家。他在萊比錫大學設立了全球第一個心理學實驗室，故有「近代心理學之父」的美譽。

威廉・詹姆士 WILLIAM JAMES
1842～1910年　▶P060～P064
美國哲學、心理學家，哈佛大學的心理學、哲學教授，曾提出「意識是流動的」、「人是因為哭泣才悲傷，不是因為悲傷而哭泣」的概念，也是美國實驗心理學的先河。

伊凡・巴卜洛夫 IVAN P. PAVLOV
1849～1936年　▶P068～P069
俄國生理學家，曾以消化腺方面的研究獲得諾貝爾生理醫學獎。他曾操作過以「巴卜洛夫的狗」而聞名的制約反射研究，但巴卜洛夫本人認為這只是大腦生理學方面的研究。

西格蒙德・佛洛伊德
SIGMUND FREUD
1856～1939年　▶P092～P105・P114
奧地利的精神分析家。他原為精神科醫師，在治療歇斯底里症的過程中發現潛意識的重要性，開創了精神分析的先河。而他的理論，日後也成了臨床心理學的基礎。

物品
以插圖呈現與該位心理學家關係深厚的物品。

生卒年
該位心理學家的生卒年。

人物
以插圖呈現96位心理學家，他們都與本書圖解說明的詞彙密切相關。

共分十章，內容包括「心理學的誕生」到「性格心理學」等。從「心理學的誕生」開始翻閱，一路依序讀下來，各位就能大致了解心理學的歷史經過哪些演變，才發展至今。另外，在後面頁數的用語解說當中，會使用到前面頁數解說過的部分詞彙，因此建議各位從頭開始讀，比較不會有負擔。

心理學用語圖鑑

本書的主要部分 建議從這裡開始閱讀。

相關人物
介紹頁次
與主題詞彙相關的
人物介紹頁次。

相關人物
與主題詞彙相關的
心理學家插圖。

主題詞彙
介紹逾150個心理
學主要用語。

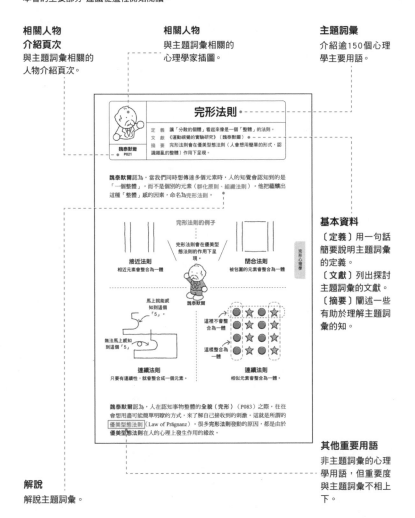

基本資料
〔定義〕用一句話
簡要說明主題詞彙
的定義。
〔文獻〕列出探討
主題詞彙的文獻。
〔摘要〕闡述一些
有助於理解主題詞
彙的知。

其他重要用語
非主題詞彙的心理
學用語，但重要度
與主題詞彙不相上
下。

解說
解說主題詞彙。

心理學家名鑑

希波克拉底斯 HIPPOCRATES

B.C.460?～B.C.370?年 ▶P052・P274

古希臘醫師。他將健康與疾病視為自然現象，並把醫療從巫術、宗教中分離出來，為「以科學為根據的醫學」奠定了基礎，有「醫聖」、「醫學始祖」等稱號。

柏拉圖 PLATO

B.C.427?～B.C.347?年 ▶P050～P051

古希臘哲學家。他出生於雅典的世家，曾在蘇格拉底門下學習。他的哲學是以理型論為中心思想，主張應從理型中尋求真實的存在，認為人類的靈魂是由理性、意志和欲望這三者所構成。

蓋倫 GALEN

129?～200?年 ▶P052

羅馬帝國時代的希臘醫學家，是第十六任羅馬皇帝馬可・奧理略的宮廷御醫。他提出「四氣質說」主張體液的平衡狀態決定了人的氣質(性格)。

勒內・笛卡兒 RENE DESCARTES

1596～1650年 ▶P053～P054

法國哲學家，「我思故我在」是他最家喻戶曉的名言。他認為真理是要透過理性的方法，也就是「方法的懷疑」來追求 而不是靠信仰。他在《論心靈中的激情》當中，將情緒分為「喜悅」、「悲傷」等類型。

約翰·洛克 John Locke

1632～1704年　　　　　　　　▶P055

英國哲學家，被譽為是「英國經驗論之父」。他強調教育的重要性，主張人的心靈原是一張白紙，所有的「觀念」都是透過經驗獲得，而不是與生俱來。

伊曼努爾·康德 Immanuel Kant

1724～1804年　　　　　　　　▶P058

德國哲學家，出生在東普魯士的科尼斯堡（Königsberg）。他提出一套結合了英國經驗論的認識論，對後來西方哲學的發展影響甚鉅。他的「哥白尼式革命」一詞也很有名。

古斯塔夫·費希納
Gustav Theodor Fechner

1801～1887年　　　　　　　　▶P057

德國物理學家，也是心理學家。他開創了著重肉體與精神關係的「精神物理學」，為日後心理學這項科學的成立奠定了基礎。他的「費希納定律」（Fechner's Law）最為世人所熟知。

法蘭西斯·高爾頓 Francis Galton

1822～1911年　　　　　　　　▶P056

英國的人類遺傳學家、生物統計學者，是嘗試在心理學中融入統計學的專家之一。他也是提出演化論的學者——達爾文的表弟，開發了一套孿生子研究法，可得知遺傳和環境對性格、智力的影響。

威廉·馮德
WILHELM MAXIMILIAN WUNDT
1832～1920年　　　　　　　▶P058～P059

促使心理學成為一門科學的德國生理、心理學家。
他在萊比錫大學設立了全球第一個心理學實驗室，
故有「近代心理學之父」的美譽。

威廉·詹姆士 WILLIAM JAMES
1842～1910年　　　　　　　▶P060～P064

美國哲學、心理學家，哈佛大學的心理學、哲學
教授，曾提出「意識是流動的」、「人是因為哭泣
才悲傷，不是因為悲傷而哭泣」的概念，也是美
國實驗心理學的先河。

伊凡·巴卜洛夫 IVAN P. PAVLOV
1849～1936年　　　　　　　▶P068～P069

俄國生理學家，曾以消化腺方面的研究獲得諾貝
爾生理醫學獎。他曾操作過以「巴卜洛夫的狗」
而聞名的制約反射研究，但巴卜洛夫本人認為這
只是大腦生理學方面的研究。

西格蒙德·佛洛伊德
SIGMUND FREUD
1856～1939年　　　　　　　▶P092～P105・P114

奧地利的精神分析學家。他原為精神科醫師，在
治療歇斯底里症的過程中發現潛意識的重要性，
開創了精神分析學的先河。而他的理論，日後也
成了臨床心理學的基礎。

阿爾費德‧比奈 ALFRED BINET

1857～1911年　　　　　　　　▶P065

法國心理學家，為巴黎大學創設了心理學實驗室。
他在西蒙（Theodore Simon）醫師的協助下，開
發出智力測驗 後來還提出了「精神年齡」的概念。

愛米爾‧涂爾幹 EMILE DURKHEIM

1858～1917年　　　　　　　▶P228～P232

法國的社會學家。他自巴黎高等師範學院畢業後，
負笈德國學習社會學等知識，日後又到巴黎大學
擔任教授。他對於確立以實證方法為本的社會學
研究，貢獻良多。此外，在他的《自殺論》當中，
將自殺分為四大類，也很有名。

馬克西米利安‧林格曼
MAXIMILIEN RINGELMANN

1861～1931年　　　　　　　　▶P258

法國的農學專家。他提出「當拔河的人越多，個
人出的力量就會越小」的概念 也就是所謂的「林
格曼效應」或「社會懈怠」（social loafing）。

查爾斯‧斯皮曼
CHARLES EDWARD SPEARMAN

1863～1945年　　　　　　　　▶P164

英國的心理學家。曾在萊比錫大學師事馮德，取
得博士學位。他曾在倫敦大學擔任教授，並在智
力研究中導入相關係數的概念，奠定了因素分析
研究的基礎。

阿爾弗雷德・阿德勒
ALFRED ADLER

1870～1937年 ▶P116～P123

奧地利的精神分析學家。他曾與佛洛伊德共同進行研究，但他的主張，與重視欲力的佛洛伊德不同，導致兩人拆夥。阿德勒把焦點放在「自卑情結」並於日後開創了個體心理學(阿德勒心理學)。

愛德華・李・桑代克
EDWARD L. THORNDIKE

1874～1949年 ▶P070～P071・P192

美國的心理學家。他曾在哈佛大學師事威廉・詹姆士，後又轉往哥倫比亞大學，在該校用貓進行了知名的「迷籠實驗」，並主張「效果律」(Thorndike's Laws of Learning)。

卡爾・榮格 CARL JUNG

1875～1961年 ▶P106～P111

瑞士的精神分析學者，曾與佛洛伊德共同研究，但因意見相左而決裂。他首創「分析心理學」(analytical psychology)的概念，處理人類的潛意識問題，影響了人類學、民俗學等學問的發展。

約翰・華生 JOHN WATSON

1878～1958年 ▶P072～P073

美國行為主義心理學派的鼻祖。他曾在芝加哥大學學習心理學、生理學和神經學。他對學習上的S-R(刺激與反應)理論等研究，為科學心理學的發展指出了方向。

馬克思・魏泰默爾
MAX WERTHEIMER

1880～1943年　　　　　　　▶P082～P086

德國的心理學家。是以認知心理學為基礎，所發展出來的「完形心理學」（Gestalt Psychology）倡導者之一。為驗證這項理論，他在法蘭克福大學進行了似動運動的知覺實驗。後來因受到納粹的迫害，而轉往美國發展。

愛德華・斯普朗格
EDUARD SPRANGER

1882～1963年　　　　　　　▶P278

德國哲學、心理學和教育學家。他在柏林大學跟隨狄爾泰（W. Dilthey）學習哲學，在文化哲學和教育學方面，表現也很活躍。在心理學方面，他以「價值觀」的研究最為人所知。

赫曼・羅夏克 HERMANN RORSCHACH

1884～1922年　　　　　　　▶P284～P285

瑞士的精神醫學家。他早期是以成為藝術家為職志，後來才調整方向，進入蘇黎世大學學習精神醫學。他開發了一套「羅夏克墨跡測驗」（RIBT），能從受試者對墨跡的看法，探究受試者的個性與深層心理。

愛德嘉・魯賓 EDGAR RUBIN

1886～1951年　　　　　　　▶P087

丹麥的心理學家，發明了一個在心理學上很有名的圖形「魯賓花瓶」。他對「圖與地」的研究，後來成了完形心理學和認知心理學當中的重要概念。

心理學家名鑑

愛德華・托爾曼 EDWARD TOLMAN

1886～1959年　　　　　　　▶P076～P077

美國的心理學家。他在麻省理工學院取得學位後，又到哈佛大學研究所研讀哲學和心理學，後來成了加州大學的教授。他所提出的目的行為主義，是受到勒溫（Kurt Zadek Lewin，完形心理學）的影響。

弗雷德里克・巴特利

FREDERIC BARTLETT

1886～1969年　　　　　　　▶P154～P155

英國的心理學家。他曾在劍橋大學學習心理學，後成為該校教授。他的知名研究包括記憶的社會性影響、記憶衰退和變化論等方面的實驗性研究。

路易斯・列昂・瑟斯頓

LOUIS LEON THURSTONE

1887～1955年　　　　　　　▶P165

英國的心理學家，曾在康乃爾大學學習理工，還當過愛迪生的助理，後來才進入芝加哥大學研究所學習心理學。他開發出了一套「智力多因論」，以及一套用來進行多因素分析的心理統計法。

沃夫岡・柯勒 WOLFGANG KOHLER

1887～1967年　　　　　　　▶P089

德國的心理學家（出生於愛沙尼亞），是完形心理學的創設人之一。他透過實驗，證明了老鼠等生物才需要以嘗試錯誤的方式來學習，猩猩的頓悟學習，並不需要嘗試錯誤。

恩斯特·克萊什默
ERNST KRETSCHMER
1888～1964年　　　　　　　　　▶P276

德國的精神病理學家。曾任杜賓根 (Tübingen) 大學精神醫學和神經醫學方面的教授。他最知名的研究，是在探討體型和個性之間有何關聯的性格分類理論。

庫爾特·勒溫 KURT LEWIN
1890～1947年　　　　　　▶P088　P218～P227

美國的心理學家（出生於德國）。在柏林大學擔任助手時受到完形心理學的影響，移居美國後研究團體動力學。因提倡「場地論」及領導統御實驗而知名。

福律茲·波爾茲 FRITZ PERLS
1893～1970年　　　　　　　　▶P124～P125

德裔猶太人，精神分析醫師，首創重視「此時此地」的完形治療。他在柏林大學習醫後，為躲避納粹迫害而逃到荷蘭，後來又轉赴美國。

安娜·佛洛伊德 ANNA FREUD
1895～1982年　　　　　　　　▶P100～P101

英國精神分析學家（出生於維也納），是西格蒙德 · 佛洛伊德的小女兒，也是兒童精神分析的先驅。她向父親學習精神分析的自我防衛機轉理論，並加以發揚光大，對「自體心理學」的確立貢獻良多。

心理學家名鑑

尚·皮亞傑 Jean Piaget

1896～1980年　　　　　　　▶P160～P163

瑞士的心理學家。他在紐夏迪爾大學（University of Neuchatel）取得動物學學位後，又到洛桑大學等地學習了心理學。他提出與兒童思考有關的認知發達理論，對後世留下了深遠的影響。

費里茲·海德 Fritz Heider

1896～1988年　　　　　　　▶P187

在美國從事研究等活動的社會心理學家（出生於奧地利）。在柏林大學受過魏泰默爾等人的薰陶後赴美，於堪薩斯大學擔任教授。他的平衡理論和歸因理論最為人熟知。

戈登·奧波特 Gordon Allport

1897～1967年　　　　　　　▶P274～P275

美國的心理學家。他在哈佛大學取得博士學位，並於該校擔任教授，對人格特質的研究多所貢獻。他從字典中蒐集了很多關於性格的詞彙，還提出了性格特質論的概念。

喬伊·保羅·基爾福特
Joy Paul Guilford

1897～1987年　　　　　　　▶P166

美國的心理學家，在康乃爾大學跟隨鐵欽納學習心理學，並取得學位。曾任心理計量學會會長、美國心理學會會長等職。他的智力結構模式和心理計量法，都很有名。

威廉‧薛爾頓 WILLIAM SHELDON

1898～1977年 ▶P277

美國的心理學家。他在芝加哥大學取得了心理學和醫學學位,並曾於芝加哥大學擔任教授,也於哥倫比亞大學體質研究所擔任所長。他以測量和調查為基礎,做出體格與性格的相關類型論研究,最為人所熟知。

埃里希‧佛洛姆 ERICH FROMM

1900～1980年 ▶P242～P245

德國的心理學家,曾在海德堡大學學習社會學和心理學,後來為了躲避納粹的迫害而赴美。他把精神分析的思維運用在社會學上,並提出了社會性格的概念。

葛瑞格利‧拉茲蘭
GREGORY RAZRAN

1901～1973年 ▶P212

美國的心理學家,出生於俄羅斯帝國統治下,位在斯盧茨克近郊的村莊。他於 1920 年時移居美國,取得哥倫比亞大學的博士學位,並開發出一套有助於改善人際關係的「午餐技巧」。

卡爾‧羅吉斯
CARL RANSOM ROGERS

1902～1987年 ▶P126～P131

美國的心理學家,首創非指導性療法和個人中心治療。他起初在威斯康辛大學學的是農業,後來才又進入哥倫比亞大學研究所深造,學習教育心理學和臨床心理學。

愛利克·霍姆伯格·艾瑞克森
ERIK HOMBURGER ERIKSON

1902～1994年 ▶P168～P172

美國的精神分析學家（生於德國）。他原本想成為畫家，後來在維也納精神分析學院，取得了分析師的資格。赴美後，他研究自我發展課題，提出了青少年自我同一性危機的概念。

西奧多·紐科姆
THEODORE MEAD NEWCOMB

1903～1984年 ▶P193

美國的社會心理學家，曾任密西根大學教授。他最知名的，是研究女學生態度變化的「本寧頓學院研究」（Bennington College Study），以及提出「A-B-X 模式」，用來說明人際關係中的相互作用。

康拉德·勞倫茲 KONRAD LORENZ

1903～1989年 ▶P174

奧地利的動物學家。他在維也納大學醫學系取得醫師資格後，又在該大學進修動物學，並提出比較行為學的概念。他在攻擊和銘印（imprinting）方面的研究尤其知名，還曾獲頒諾貝爾生理醫學獎。

伯爾赫斯·法雷迪·史金納
B.F. SKINNER

1904～1990年 ▶P074～P075

美國心理學家。他運用史金納箱操作的實驗，將操作制約化為理論。他也被譽為是行為分析學的始祖，對編序教學等理論的發展影響甚鉅。

哈利‧哈洛 HARRY HARLOW

1905～1981年　　　　　　　　　▶P175

美國的心理學家，於史丹佛大學取得學位後，在威斯康辛大學擔任心理學教授的職務。他最知名的，就是用恆河猴進行了代理母親等實驗，研究肌膚之親與情感之間的關係。

雷蒙德‧卡泰爾 RAYMOND CATTELL

1905～1998年　　　　　　　　▶P167‧P280

生於英國的心理學家，於倫敦大學心理學博士後赴美，陸續在克拉克大學、哈佛大學和伊利諾大學擔任教授。他對流體智力和晶體智力的發現，以及十六種人格因素的理論，都很知名。

約翰‧鮑比 JOHN BOWLBY

1907～1990年　　　　　　　　▶P176～P177

英國的兒童精神分析學家、精神醫學專家，曾擔任世界衛生組織（WHO）的心理衛生顧問。他研究在孤兒院等機構長大的孩子，探討他們在心理衛生方面的問題，主張母愛養育的重要性，並提出了依戀的概念。

所羅門‧阿斯契 SOLOMON ASCH

1907～1996年　　　　　　　　▶P236～P239

在美國從事研究等活動的社會心理學家（生於波蘭）。他曾與柯勒共同研究，深受完形心理學的影響。他的印象形成和從眾行為等實驗社會心理學的研究，最為人所知。

索爾・羅森茲威格

SAUL ROSENZWEIG

1907～2004年 　　　　　　▶P282～P283

美國的心理學家。以第一名成績畢業於哈佛大學，並在哈佛取得博士學位。開發出以挫折容忍力來分析性格的P-F Test。

亞伯拉罕・馬斯洛

ABRAHAM MASLOW

1908～1970年 　　　　　　▶P288～P291

美國的心理學家，曾於布蘭戴斯大學任教，也曾擔任美國心理學會會長。他提出的需求層次理論和自我實現理論，屬於人本心理學的範疇，在管理學等其他領域也常被提及。

羅伯特・希爾斯 ROBERT SEARS

1908～1989年 　　　　　　▶P173

美國心理學家。他在耶魯大學研究所取得學位後，在愛荷華大學兒童福利研究部擔任過管理職等工作。他認為幼兒對母親的愛，是在飢餓驅力充足下才會成立。

喬治・荷曼斯 GEORGE HOMANS

1910～1989年 　　　　　　▶P254～P255

美國的社會學家，畢業於哈佛大學英美文學系。他在大學畢業、求職碰壁之際，進入了科學史大師韓德森（Lawrence J. Henderson）主持的社會學研究室，開啟了他日後成為社會學家的契機。他也是社會交換理論的倡議者之一。

羅伯特・金・墨爾頓
ROBERT K. MERTON
1910～2003年　　　　　　　▶P246～P247

美國的社會學家，曾任哥倫比亞大學教授，以大眾溝通理論等研究著稱。此外，他對於社會學的理論，包括參照群體和自我應驗預言等的發展，也貢獻良多。

亞伯・艾里斯 ALBERT ELLIS
1913～2007年　　　　　　　▶P132～P133

美國的臨床心理學家，擁有哥倫比亞大學的臨床心理學博士學位。他對耗時的精神分析提出了反對意見，並開發出了以短期治療為目標的理性情緒行為治療（ABC 理論）。

科林・柴瑞 COLIN CHERRY
1914～1979年　　　　　　　▶P146

美國的認知心理學家，提出了「雞尾酒會效應」（Cocktail Party Effect）的說法。他的「雙耳分聽」，也就是在探討人可以讓左右耳分別聽不同的談話，但將注意力側重在其中一耳的實驗，相當知名。

貝特拉姆・佛瑞 BERTRAM FORER
1914～2000年　　　　　　　▶P286～P287

美國的心理學家，加州大學洛杉磯分校（UCLA）心理學博士，曾於洛杉磯的退伍軍人診所任職。他最著名的，是研究人類認為占卜準確的心態，也就是所謂的巴納姆效應（又稱佛瑞效應）的實驗。

愛德華・賀爾 EDWARD T.HALL

1914～2009年　　　　　　▶P204

美國的文化人類學家，哥倫比亞大學博士，曾於西
北大學等校擔任教授，以研究人際空間（personal
space)聞名，對非語言溝通的研究留下了很深遠
的影響。

約瑟夫・渥爾普 JOSEPH WOLPE

1915～1997年　　　　　　▶P078

生於南非的精神科醫師，在第二次世界大戰期間，
曾以軍醫身分入伍服役，為那些患有神經疾病的
士兵診療。他提出「系統減敏法」這種行為治療
手法，相當知名。

漢斯・艾森克 HANS EYSENCK

1916～1997年　　　　　　▶P279

生於英國的性格心理學家（生於德國），曾任倫
敦大學心理學教授、莫茲里醫院精神醫學部心理
學研究室部長。他另一項知名的成就，就是開發
出了毛德斯理人格量表（MPI）。

亨利・泰弗爾 HENRI TAJFEL

1919～1982年　　　　　　▶P261～P263

生於波蘭的社會心理學家。在第二次世界大戰期
間被納粹逮捕，在集中營渡過了五年的時間，獲
釋後才學習心理學，並於布里斯托大學擔任教授。
曾提出社會認同理論。

利昂·費斯廷格 LEON FESTINGER

1919～1989年　　　　　　▶P194～P195

美國社會心理學界的權威。曾於愛荷華大學師事勒溫，並於該校取得博士學位。之後在明尼蘇達大學、史丹佛大學等校擔任教授。他提出的認知失調理論（cognitive dissonance theory）極負盛名。

伯納德·斯汀澤 BERNARD STEINZOR

1920～2010年　　　　　　▶P214～P215

美國的社會心理學家。他曾於 1950 年時，在《變態心理學與社會心理學期刊》（Journal of Abnormal and Social Psychology）發表了一篇文章，當中提到會議的座位與在場人士的人際關係，並將之規則化。這就是著名的「斯汀澤三原則」。

喬治·米勒 GEORGE ARMITAGE MILLER

1920～2012年　　　　　　▶P138～P143

美國的認知心理家，曾任哈佛大學等校教授，專長是語言認之與溝通理論等。他最知名的論述，是提出「人的記憶量為神奇數字 7」。

亞倫·貝克 AARON BECK

1921年～　　　　　　　　▶P134～P135

美國的精神科醫師，「認知治療」的創始人，能修正憂鬱症患者的認知扭曲。此外，他開發的貝克憂鬱量表（BDI），能診斷患者憂慮症狀的輕重程度，廣為人知。

爾文・高夫曼 ERVING GOFFMAN

1922～1982年　　　　　　　▶P250～P253

美國的社會學家（生於加拿大）芝加哥大學博士。
他曾擔任美國社會學會會長，並提出透過與戲劇
的類比，探討人的社會角色行為，也就是所謂的
「戲劇論」(dramaturgy)。

傅雷德・費德勒 FRED E. FIEDLER

1922年～2017年　　　　　　▶P198

在美國從事研究等活動的心理學家（生於奧地
利），曾在芝加哥大學研究所研讀心理學，後於
華盛頓大學擔任教授，是權變領導理論的提出者。

羅伯特・札瓊克 ROBERT ZAJONC

1923～2008年　　　　　　　▶P233～P235

在美國從事研究等活動的社會心理學家（生於波
蘭）。他自波蘭赴美後，即進入密西根大學就讀，
畢業後更成為該校教授，並任教多年，以「好感
的單純曝光效應」研究著稱。

大衛・基普尼斯 DAVID KIPNIS

1924～1999年　　　　　　　▶P199

美國的社會心理學家。他自雪城大學畢業後，在
紐約大學取得博士學位，並於天普大學擔任教授。
他最知名的，是研究人與權力的關係，探討權力
如何使人腐化等。

阿諾・伯斯 Aʀɴᴏʟᴅ Bᴜss

1924年～　　　　　　　　　　　▶P186

美國的社會心理學家，印地安那大學博士，曾任愛荷華大學、匹茲堡大學教授，以攻擊性、自我意識的研究聞名。

塞奇・莫斯科維奇
Sᴇʀɢᴇ Mᴏsᴄᴏᴠɪᴄɪ

1925～2014年　　　　　　　▶P256～P257

在法國從事研究等活動的社會心理學家（生於羅馬尼亞）。他自羅馬尼亞輾轉流亡到法國後，取得心理學學士學位，後來出任巴黎社會科學高等學院教授，以「少數人影響力」的實驗聞名。

愛伯特・班杜拉 Aʟʙᴇʀᴛ Bᴀɴᴅᴜʀᴀ

1925年～　　　　　　　　　▶P180～P181

來自加拿大的心理學家，愛荷華大學博士，長年擔任史丹佛大學教授。他提出的觀察學習（模仿）和自我效能等理論，都相當知名。

諾曼・安德遜 Nᴏʀᴍᴀɴ Aɴᴅᴇʀsᴏɴ

1925年～　　　　　　　　　▶P240～P241

美國的認知心理學家，芝加哥大學博士，曾任加州大學柏克萊分校教授。他曾發表知名的時近效應（Recency Effect），認為最近、最後接收到的資訊，對人的影響最深。

唐納德・布羅德本特
DONALD E. BROADBENT
1926～1993年　　　　　　　　▶P144～P145

英國的認知心理學家。他曾於17歲時,進入英國空軍服役,接受飛行員訓練,後來才進入劍橋大學學習心理學。日後他運用服役期間的經驗,研究知覺上的選擇注意力。

愛德華・瓊斯 EDWARD E. JONES
1926～1993年　　　　　　　　▶P191

美國的社會心理學家。他運用在陸軍服役期間所學到的日文,在日本當過一段時間的口譯。後來又進入哈佛大學深造,還曾擔任普林斯頓大學的教授。他的研究當中,以討好等策略性的「自我呈現」(self-presentation)最負盛名。

安道爾・涂爾文 ENDEL TULVING
1927年～　　　　　　　　　　▶P147

加拿大心理學家(生於愛沙尼亞)。他畢業於多倫多大學,又於哈佛大學取得博士學位,是全球研究記憶的權威,並帶領多倫多學派(記憶研究團體),還提出了「事件記憶」(Episodic Memory)理論。

傑克・布瑞姆 JACK BREHM
1928～2009年　　　　　　　　▶P200～P201

美國的社會心理學家。哈佛大學畢業後,又進入明尼蘇達大學深造,成為費斯廷格的同窗,後來取得了博士學位。他最有名的,是研究人類在自由受到威脅時所生的反抗心態,也就是所謂的心理抗拒。

諾姆·杭士基 Noam Chomsky

1928年～　　　　　　　　▶P182～P183

美國語言學家，賓州大學語言學博士，曾任麻省理工學院語言、心理學系教授。他曾提出生成文法理論，是全球語言學界的泰斗。

霍華德·貝克 Howard Becker

1928年～　　　　　　　　▶P248～P249

美國的社會學家，以「標籤理論」聞名於世。他曾致力於調查大麻吸食者和音樂人等的生態，研究他們被社會貼上「邊緣人」標籤的過程。

伯納·莫斯坦 Bernard I. Murstein

1929年～　　　　　　　　▶P206

美國的心理學家、精神療法醫師（生於波蘭），德州大學博士。他曾於心理諮商診所服務，後來才進入康乃狄克大學擔任教授。他探討戀愛過程的 SVR 理論，舉世聞名。

路易斯·戈登柏格
Lewis R. Goldberg

1932年～　　　　　　　　▶P281

美國的心理學家，密西根大學心理學博士，奧勒岡大學心理學榮譽博士。他參與提出的五大性格特質（Big Five）的理論，在性格特質理論領域已漸成主流。

史丹利・米爾格蘭
STANLEY MILGRAM

1933～1984年　　　　　　　▶P264～P268

美國的社會心理學家，和另一位社會心理學家金巴多（Philip Zimbardo）是高中同學，在哈佛大學時期則有所羅門・阿斯契這位同窗，並師事戈登・奧波特（Gordon Allport）。他最知名的研究，是服從權威實驗（米爾格蘭實驗）。

羅伯特・羅森塔爾
ROBERT ROSENTHAL

1933年～　　　　　　　　▶P202～P203

美國的教育心理學家。北達科他大學畢業，曾任哈佛大學教授，以溝通研究等而聞名，曾在小學進行畢馬龍效應（Pygmalion Effect）的實驗。

菲利普・金巴多 PHILIP ZIMBARDO

1933年～　　　　　　　　▶P269～P271

美國的社會心理學家，耶魯大學博士，後於史丹佛大學擔任教授，亦曾任美國心理學會會長，以史丹佛監獄實驗和害羞（shyness）研究聞名。

丹尼爾・康納曼 DANIEL KAHNEMAN

1934年～　　　　　　　　▶P156～P157

美國的心理學家 行為經濟學大師（生於以色列），加州大學柏克萊分校博士。他最知名的展望理論（prospect theory），是將購物行為決策過程化為理論的研究，還曾因此獲得諾貝爾經濟學獎。

比布・拉坦那 BIBB LATANE

1937年〜 ▶P258〜P260

美國的社會心理學家，明尼蘇達大學博士，曾於俄亥俄州立大學、北卡羅來納大學等校擔任教授。他以救援行動的實驗，進行旁觀者效應等研究。

艾伯特・麥拉賓
ALBERT MEHRABIAN

1939年〜 ▶P207

美國的心理學家（亞美尼亞裔美國人），加州大學洛杉磯分校榮譽教授，以非語言溝通研究，以及研究印象形成的「麥拉賓法則」聞名。

亞伯拉罕・泰瑟 ABRAHAM TESSER

1941年〜 ▶P196〜P197

美國的社會心理學家，普渡大學社會心理學博士，喬治亞大學榮譽教授，以提出自我評價維持模式（SEM）聞名。

愛德華・德西 EDWARD L. DECI

1942年〜 ▶P178〜P179

美國的心理學家，卡內基梅隆大學博士，曾任羅徹斯特大學心理學教授，以研究獎賞與內在動機之間的關係而聞名。

勒諾・沃克 Lenore E. Walker

1942年～　　　　　　　　　　▶P205

美國的心理學家，紐澤西州立羅格斯大學博士，諾瓦東南大學教授，是知名的家庭暴力（來自先生或伴侶的暴力等）研究的權威。

米歇爾・羅斯 Michael Ross

1944年～　　　　　　　　　　▶P188

在美國從事研究等活動的社會心理學家，在北卡羅萊納大學取得社會心理學博士學位後，在滑鐵盧大學擔任教授，主要研究領域為個人在評價自己對團體貢獻時的過大認知，以及自我概念等。

伊莉莎白・羅芙托斯
Elizabeth Loftus

1944年～　　　　　　　　　▶P148～P151

美國認知心理學家。她先在加州大學學習數學和心理學，又在史丹佛大學取得心理學博士學位，以研究「犯罪目擊指認中的記憶失真」而聞名。

羅伯特・席爾迪尼
Robert Cialdini

1945年～　　　　　　　　　▶P208～P211

美國的社會心理學家，北卡羅萊納大學博士，亞利桑那大學榮譽教授，以參考業務員銷售話術等手法，所進行的影響力研究而聞名。

心理學家名鑑

亞瑟‧艾倫 ARTHUR ARON

1945年～　　　　　　　　　　▶P213

在美國從事研究等活動的社會心理學家，紐約州立大學教授。他最有名的，是人際吸引力的研究，以及「自我擴張理論」，也就是提出當我們透過與他人親密往來，而拓展了自己的世界時，就會感到心情愉悅。

馬克‧斯奈德 MARK SNYDER

1947年～　　　　　　　　　　▶P190

美國的社會心理學家，史丹佛大學博士，明尼蘇達大學麥克凱特榮譽教授，以自我監控（self-monitoring）等研究聞名。

丹尼爾‧沙克特
DANIEL L. SCHACTER

1952年～　　　　　　　　　▶P152～P153

美國的心理學家，北卡羅萊納大學畢業後，於多倫多大學取得博士學位。曾於亞利桑那大學心理系擔任教授，現為哈佛大學心理系教授，以研究記憶的七種缺失而聞名，是記憶研究的權威。

阿朗‧菲寧斯坦
FENIGSTEIN, A., SCHEIER

1974年～　　　　　　　　　　▶P189

在美國從事研究等活動的心理學家（生於德國），德州大學博士 ，凱尼恩學院教授。他最知名的研究，是擬訂了一套自我意識量表，可用來量測公眾自我意識（public self-consciousness）和私密自我意識（private self-consciousness）。

心理學家年表

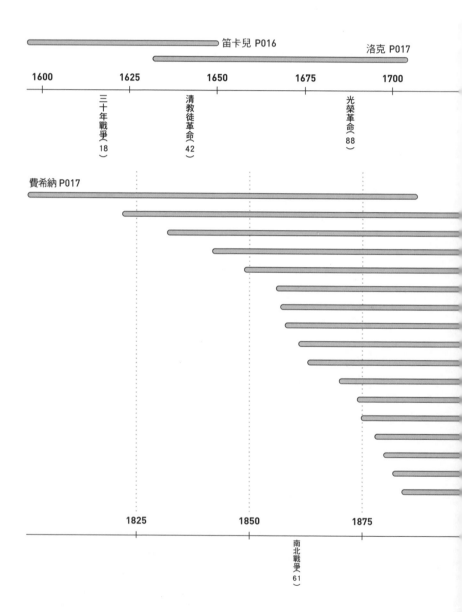

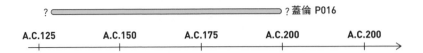

? ──────── ?蓋倫 P016

A.C.125　　A.C.150　　A.C.175　　A.C.200　　A.C.200

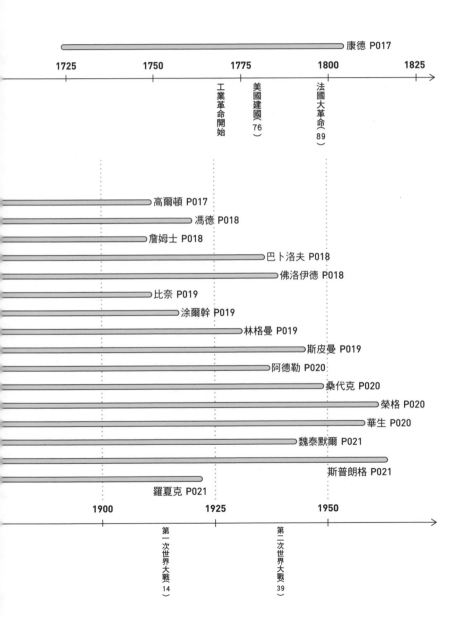

康德 P017

1725　　1750　　1775　　1800　　1825

工業革命開始

美國建國（76）

法國大革命（89）

高爾頓 P017

馮德 P018

詹姆士 P018

巴卜洛夫 P018

佛洛伊德 P018

比奈 P019

涂爾幹 P019

林格曼 P019

斯皮曼 P019

阿德勒 P020

桑代克 P020

榮格 P020

華生 P020

魏泰默爾 P021

斯普朗格 P021

羅夏克 P021

1900　　1925　　1950

第一次世界大戰（14）

第二次世界大戰（39）

勒溫 P023

1900   1925   1950

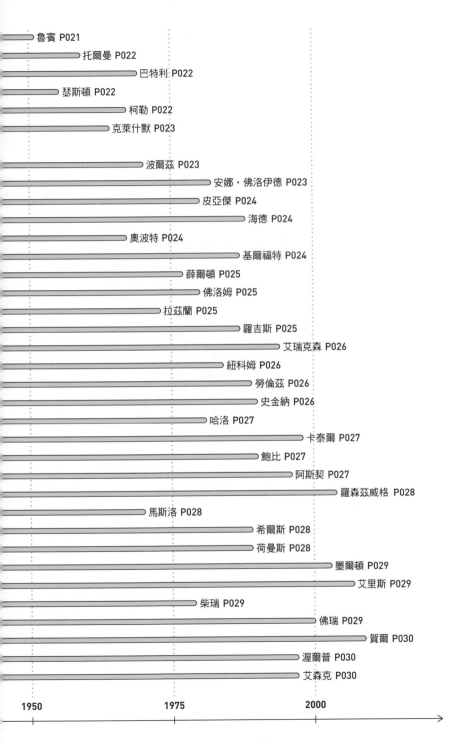

魯賓 P021
托爾曼 P022
巴特利 P022
瑟斯頓 P022
柯勒 P022
克萊什默 P023

波爾茲 P023
安娜・佛洛伊德 P023
皮亞傑 P024
海德 P024
奧波特 P024
基爾福特 P024
薛爾頓 P025
佛洛姆 P025
拉茲蘭 P025
羅吉斯 P025
艾瑞克森 P026
紐科姆 P026
勞倫茲 P026
史金納 P026
哈洛 P027
卡泰爾 P027
鮑比 P027
阿斯契 P027
羅森茲威格 P028
馬斯洛 P028
希爾斯 P028
荷曼斯 P028
墨爾頓 P029
艾里斯 P029
柴瑞 P029
佛瑞 P029
賀爾 P030
渥爾普 P030
艾森克 P030

1950   1975   2000

1925   1950   1975

泰弗爾 P030
費斯廷格 P031
斯汀澤 P031
米勒 P031
貝克 P031
高夫曼 P032
費德勒 P032
札瓊克 P032
基普尼斯 P032
伯斯 P033
莫斯科維奇 P033
班杜拉 P033
安德遜 P033
布羅德本特 P034
瓊斯 P034
涂爾文 P034
布瑞姆 P034
杭士基 P035
貝克 P035
莫斯坦 P035
戈登柏格 P035
米爾格蘭 P036
羅森塔爾 P036
金巴多 P036
康納曼 P036
拉坦那 P037
麥拉賓 P037
泰瑟 P037
德西 P037
沃克 P038
羅斯 P038
羅芙托斯 P038
席爾迪尼 P038
艾倫 P038
斯奈德 P039
沙克特 P039
菲寧斯坦 P039

1975   2000   2025

心理學用語圖鑑

心理學的誕生

靈魂

文 獻　《斐多篇》、《費德羅篇》（柏拉圖）
摘 要　以古希臘文當中的靈魂（Psyche）和邏輯（logos）結合
而成的「Psychologia」，就是心理學（psychology）一詞的語源。

柏拉圖
P016

「心」的問題，長期以來都被視為**哲學**。古希臘哲學家**蘇格拉底**和他的弟
子**柏拉圖**，認為**心**與物質不同，是神秘而特別的東西，並把它稱為**靈魂**
（Psyche）。

人類的靈魂當
中，有著與生俱來
的智慧與道德。

靈魂

所以我們才能
判斷善惡、美醜。

古希臘哲學家
蘇格拉底
約B.C.469～399

蘇格拉底的弟子
柏拉圖
約B.C.427～34

根據**柏拉圖**的說法，我們的**靈魂**，早在我們出生之前，就已經知道什麼是
真正的**善**與**美**。所以，他主張既然人類有靈魂，所以能判斷什麼是美，什
麼是善。

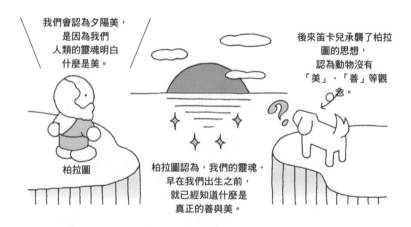

我們會認為夕陽美，
是因為我們
人類的靈魂明白
什麼是美。

後來笛卡兒承襲了柏拉
圖的思想，
認為動物沒有
「美」、「善」等觀
念。

柏拉圖

柏拉圖認為，我們的靈魂，
早在我們出生之前，
就已經知道什麼是
真正的善與美。

這一套思維，後來由認為人具有天賦**觀念**（意識中的事物）的**笛卡兒**
（P016）承襲，而提出了**天賦主義**（P054）。

心理學的誕生

靈魂三分說

定　義	認為人的靈魂由「理性」、「意志」和「欲望」構成。
文　獻	《費德羅篇》、《理想國》（柏拉圖）
摘　要	「正義」這個德行，是從「智慧」、「勇氣」和「節制」這三種德行而來。對柏拉圖而言，所謂的正義就是對社會有益之事。

柏拉圖
P016

柏拉圖認為，人的**靈魂（心）**（P050）由**理性、意志和欲望**這三者所組成（**靈魂三分說**）。**理性**是騎士，要鼓勵**意志**這匹白馬，同時還要抑制**欲望**的黑馬，不斷地向前邁進。

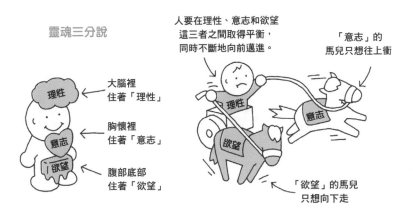

靈魂三分說

人要在理性、意志和欲望這三者之間取得平衡，同時不斷地向前邁進。

「意志」的馬兒只想往上衝

大腦裡住著「理性」

胸懷裡住著「意志」

腹部底部住著「欲望」

「欲望」的馬兒只想向下走

柏拉圖認為，只要**理性、意志和欲望**正確運作，它們就會分別化為**智慧、勇氣和節制**這三項**德行**，而在這三者相互調和之下，**「正義」**這項**德行**就會應運而生。**智慧、勇氣、節制，再加上正義**，這四項德行，就是**柏拉圖**所謂的四樞德。

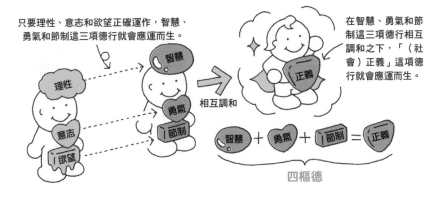

只要理性、意志和欲望正確運作，智慧、勇氣和節制這三項德行就會應運而生。

在智慧、勇氣和節制這三項德行相互調和之下，「（社會）正義」這項德行就會應運而生。

理性

意志

欲望

智慧

勇氣

節制

相互調和

正義

智慧 ＋ 勇氣 ＋ 節制 ＝ 正義

四樞德

蓋倫
P016

四氣質說

定　義　主張「性格取決於四種體液平衡狀態」。

文　獻　《氣質》（蓋倫）

摘　要　「將人體視為一種物質，並將醫療從宗教中分離出來的希波克拉底斯（P016），曾提出四體液說，而它就是蓋倫這一套四氣質說的基礎。

蓋倫主張人體內流著四種體液，也就是**血液、黏液、黃膽汁和黑膽汁**。而這四種體液的平衡狀態，決定了人的**氣質（性格）**。這一套論述就是所謂的四氣質說。

體內血液較多
多血質
擅於交際，樂觀而有自信

血液

蓋倫認為這種人過度自信的性格，可透過放血來治療。

體內黏液較多
黏液質
理性冷靜，內向穩重

黏液

血液
黏液
黃膽汁
黑膽汁

體液可分為血液、黏液、黃膽汁和黑膽汁這四種。

體內黃膽汁較多
黃膽汁質
積極躁進，熱情活力

黃膽汁

體內黑膽汁較多
黑膽汁質
抑鬱而神經質，藝術家風格。

黑膽汁

儘管「**四氣質說**」這個論述終究不脫個人揣想的範疇，但它將人類性格分為**躁鬱氣質、分裂氣質和黏稠氣質**等數種不同類型的思維元素，影響了後來在二十世紀以後出現的**性格分類論**（P275）。

	心物二元論
笛卡兒 P016	定　義　將精神與肉體分別看待。 文　獻　《論心靈中的激情》（笛卡兒） 摘　要　就如笛卡兒在「我思故我在」這句名言中所表達的，他認為所謂的「我」，指的是我的心（意識）。

十七世紀的法國哲學家**笛卡兒**，和古希臘的哲學家**柏拉圖**（P016）一樣，主張心（意識）是精神上的東西，不是物品或肉體之類的物質。而「肉體」這個物質，則是要由精神實體的「心」來驅動。

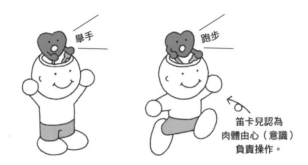

舉手　跑步

笛卡兒認為
肉體由心（意識）
負責操作。

笛卡兒這一套認為「心靈與肉體截然不同」的思維，就是所謂的心物二元論（實體二元論）。目前，一般認為人類的心靈還無法脫離肉體（腦）而單獨存在，但當年**笛卡兒**卻認為可行。

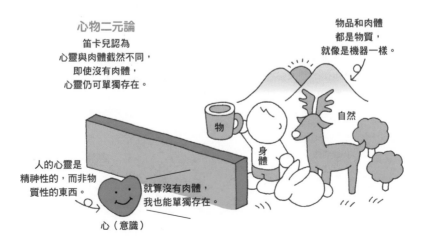

心物二元論
笛卡兒認為
心靈與肉體截然不同，
即使沒有肉體，
心靈仍可單獨存在。

物品和肉體
都是物質，
就像是機器一樣。

物

自然

身體

人的心靈是
精神性的，而非物
質性的東西。

就算沒有肉體，
我也能單獨存在。

心（意識）

天賦主義

笛卡兒 P016	定　義　人有與生俱來的理性和觀念。 文　獻　《方法論》《沉思錄》（笛卡兒） 摘　要　天賦主義的論述內容，與認為知識和觀念都是透過經驗 習得的「經驗主義」（P055）對立。

笛卡兒認為，人類擁有與生俱來的**理性**和基本**觀念**（存在於意識中的一切），例如辨**善惡**、對「**完整**」的概念等，都不是透過經驗學會的。這種人類特有的、先天的理性與觀念，就是所謂的天賦觀念。

心理學的誕生

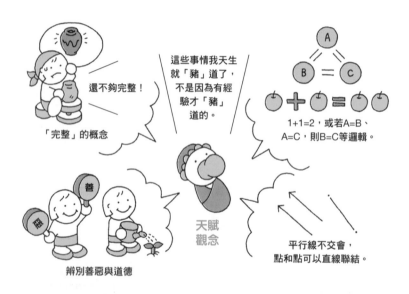

「人類具有**天賦觀念**」這種思維，就是所謂的天賦主義（或稱理性主義、合理主義），和主張所有知識、觀念都來自經驗的經驗主義（P055）對立。

經驗主義

洛克 P017	定　義　天賦觀念（P054）不存在，知識和觀念都是透過經驗和環境習得。 文　獻　《人類理解論》（洛克） 摘　要　「是天賦還是經驗」這個議題，今日已演變成「是基因強？還是教養好？」的論戰，未來也會繼續下去。

洛克不認為人類有**先天的理性**或**觀念**（天賦觀念，P054）。

我有基本「豬」識。

怎麼可能嘛！
人出生時，內心就是一
張白紙。

洛克主張人心原本只是一張**白紙**（tabula rasa），所有的知識、觀念，都是透過五官獲取經驗得來的。他認為這些從經驗中得到的知識和觀念相互聯結（**結合**）之後，就成了所謂的「**心**」。

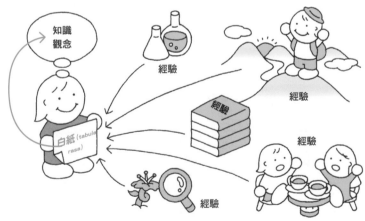

洛克認為在白紙——也就是心裡寫上經驗後，
它們就會化為知識和觀念

像洛克這種主張「**天賦觀念不存在**」，「**所有知識和觀念都來自於經驗**」的立場，就是所謂的**經驗主義**，和主張「**人天生就有理性和觀念**」的**天賦主義**（P054）對立。

心理學的誕生

遺傳 ｜ 環境

文 獻 《遺傳的天才》（高爾頓）
摘 要 高爾頓受到表哥——達爾文所寫的《物種原始》（演化
論）影響，提出了遺傳說，主張人的能力大多來自遺傳。

高爾頓
P017

人的能力和性格，在出生時是白紙，後來才因為環境影響而改變（經驗主
義 P055）？還是在出生時，遺傳就已決定了一切？為了解答這個「是遺
傳？還是環境？」的問題，**高爾頓**調查了一對在不同家庭成長的雙胞胎兄
弟，檢視他們的相似程度（孿生子對照法，co-twin control method）。

送到不同家庭　　　送到不同家庭

弟弟　雙胞胎　哥哥

高爾頓發現在不同環境
下長大的雙胞胎兄弟，性
格和社會地位卻相似。這
個結果，讓他認定人的能
力和性格都取決於遺傳。

根據兩人寄來的信件，
發現兩人都當上了醫師

當上醫師　　　　　　　　　　　　　　　　　　當上醫師

弟弟　　　　　　　　　　　　　　　　　　　哥哥

高爾頓

高爾頓這種認為「人的能力取決於遺傳」的思維，
催生了納粹的優生思想，鼓勵「優秀」人士彼此通婚，
以打造人人「優秀」的世界。

於是，**高爾頓**做出結論，認定**遺傳**對人的影響，比**環境**的影響更鉅。然而，
時至今日，這一套**遺傳**、**環境**說仍有爭議。

	心理物理學
費希納 P017	定　義　從科學的角度，研究主觀感受（心理）和客觀刺激（物理現象）之間的對應關係。 文　獻　《心理物理學綱要》（費希納） 摘　要　對實驗心理學（P058）的成立影響深遠。

先在手上放一塊磚頭，接著再放一塊，我們就會覺得很重；然而，如果先在手上放三塊磚頭，接著再放一塊，追加的這一塊磚頭，重量都一樣，但我們卻不會覺得手中重量變沉許多。換言之，我們的**感受（心理）**和物理上的「事實」並不一樣。

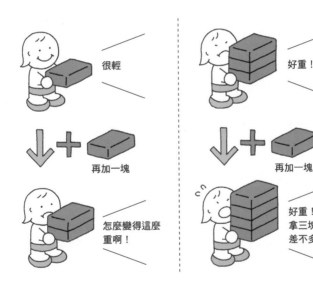

費希納找出了這種人類感受（心理）與客觀刺激之間的數量法則，就是所謂的費希納定律。而心理物理學就是以這個理論為基礎，所發展出來的學問。費希納的這個嘗試，是想把以往被歸類在哲學領域的問題——「心」，帶到**科學（物理學）**的範疇來探討。

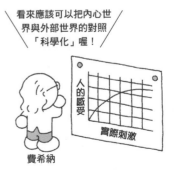

實驗心理學

文　獻　《生理心理學原理》（馮德）
摘　要　以實驗作為研究方法的實驗心理學出現後，正式確立了
　　　　「心理學」這一門學問的地位。馮德用的實驗方法是「自我觀察
　　　　法」，也就是給試者一些刺激，再由受試者描述自己在當下想
　　　　到了什麼。

馮德
P018

馮德在人類心理的研究當中，融入了「**實驗**」這種自然科學的手法，催生
出了一股巨大的潮流——那就是把人類心理當作**客觀自然科學**來看待的
「**實驗心理學**」。

心理學是哲
學，不可能
變成科學。

VS

胡說！只要精密地觀
察心的變化，心理學
也可以是一門科學。

18世紀的
德國哲學家
康德
P017

被譽為近代
心理學之父的
馮德
P018

馮德所進行的**實驗**，是讓受試者體驗各種事項，再由受試者描述自己在當
下想到了什麼，也就是所謂的 自我觀察法。

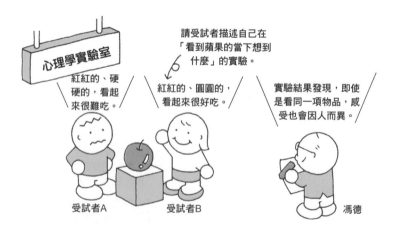

心理學實驗室

請受試者描述自己在
「看到蘋果的當下想到
什麼」的實驗。

紅紅的、硬
硬的，看起
來很難吃。

紅紅的、圓圓的，
看起來很好吃。

實驗結果發現，即使
是看到同一項物品，感
受也會因人而異。

受試者A　　　　受試者B　　　　　　　　　　馮德

為避免受試者的描述流於哲學、主觀，**馮德**會要求受試者接受一定程度的
訓練。不過，所謂的**自我觀察法**，並沒有實際觀察每個人的意識。所以後
來的**行為主義**（P072）派認為，既然馮德「無法客觀地觀察，就稱不上
是科學實驗」。

心理學的誕生

結構主義

定 義	主張意識（心）是心理元素（每一個感受或情感等）的集合體，就像物質是原子、分子的集合體一樣。
文 獻	《生理心理學原理》（費希納）
摘 要	「結構主義」和「元素主義」都不是馮德原創的詞彙。

馮德
P018

馮德主張**意識**（心）可分為**表象**（印象）、**意志**和**情感**等類別，甚至還可以再細分為更小的元素。因為他認為，**意識**（心）是心理元素（每一個感受或情感等）的集合體，就像物質是原子、分子的集合體一樣。我們稱這種立場為**結構主義、元素主義**。

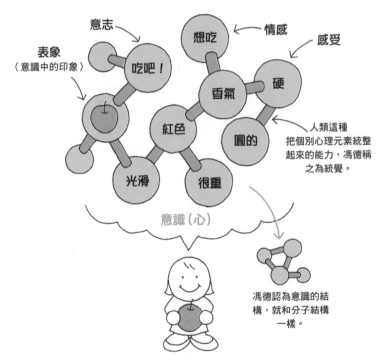

馮德認為意識可細分為更小的元素，
並希望透過這些元素的逐一分析，找出意識（心）的成立機制。

馮德認為，既然只要分析分子結構，就能知道這些分子來自於什麼物質，同樣的，我們只要逐一分析每個心理元素，就能掌握意識（心）的全貌。

功能主義

定　義　意識（心理現象）是人為了適應環境，也就是為求生存而具備的一項功能。

摘　要　詹姆士的研究是以對人類有益者為對象，因此又被稱為實用主義（pragmatism）。

詹姆士
P018

結構主義（P059）承襲了德國心理學家馮德（P018）的論述脈絡，以分析意識內容為研究主題。另一方面，美國心理學家詹姆士關注的焦點，則是意識在人的生活中發揮了什麼作用，也就是意識的功能（角色）。

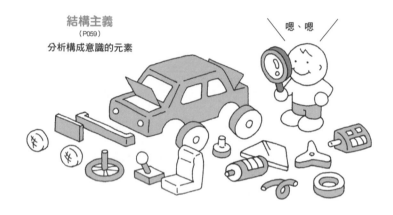

結構主義
（P059）
分析構成意識的元素

嗯、嗯

功能主義
探討人在求生存的過程中，
意識會發揮什麼樣的功能（角色）。

喔！原來車是這樣跑的啊！那車在人的生活中扮演什麼角色？

如果把意識比喻為一輛汽車，那麼逐一分析車（意識）上每個零件，就是結構主義的觀點；相對的，探討車怎麼跑，以及車子的功能，就是詹姆士所主張的功能主義。

心理學的誕生

意識是流動的

	定　義　意識不是固定的，表象（印象）、情感、記憶和感受等，都會不斷地遷移遞嬗。
詹姆士 P018	文　獻　《心理學原理》（詹姆士）
	摘　要　這個概念對二十世紀的文學，包括對作家普魯斯特等人，都影響深遠。

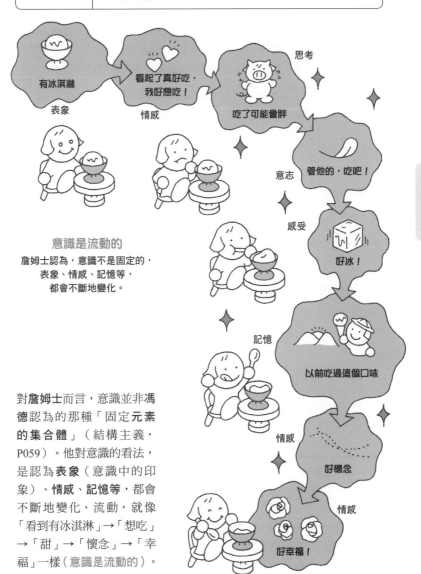

思考

有冰淇淋　表象

看起了真好吃，我好想吃！　情感

吃了可能會胖

意志　管他的，吃吧！

感受　好冰！

記憶　以前吃過這個口味

情感　好懷念

情感　好幸福！

意識是流動的
詹姆士認為，意識不是固定的，
表象、情感、記憶等，
都會不斷地變化。

對**詹姆士**而言，意識並非馮德認為的那種「固定**元素的集合體**」（結構主義，P059）。他對意識的看法，是認為**表象**（意識中的印象）、**情感**、**記憶等**，都會不斷地變化、流動，就像「看到有冰淇淋」→「想吃」→「甜」→「懷念」→「幸福」一樣（意識是流動的）。

詹郎二氏論

定 義	身體出現反應（行為）之後，才牽動情緒的變化，而不是先有情緒，身體才跟著出現反應。
摘 要	詹姆士用「人是因為哭泣才悲傷，不是因為悲傷而哭泣」，來詮釋這個概念。

詹姆士
P018

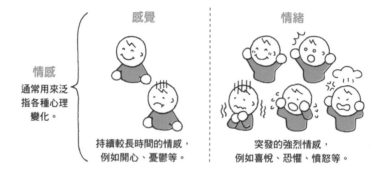

情緒、情感、感覺等，都是表達「心情」的詞彙。在這當中，**情緒**指的是「強烈的心理變化。會突然劇烈發生，並在短時間內結束」。而心理學主要在處理的，就是「**情緒**」方面的議題。**詹姆士**也曾就**情緒**和**行為**之間的關係，做過一番調查。

感覺　　　　　　　　　　　　　　**情緒**

情感
通常用來泛指各種心理變化。

持續較長時間的情感，
例如開心、憂鬱等。

突發的強烈情感，
例如喜悅、恐懼、憤怒等。

假如在路上撞見一隻熊，我們會嚇得全身發抖或心跳加速。這些反應是因為**意識**感到可怕，進而引發「顫抖」這個**身體反應**（行為）。

常理觀點

看到熊　　　　好可怕！　恐懼　　　　　　顫抖

知覺刺激　　　情緒性刺激　　　　身體反應（無意識的）
　　　　　　　（有意識的）

然而，實際上應該是先無意識地顫抖，接著意識才感到恐懼。詹姆士主張，這些全身發抖或心跳加速等身體反應（行為），要轉譯為「恐懼」情緒。（詹郎二氏論　※郎奇也在同一時期提出了相同的主張。）

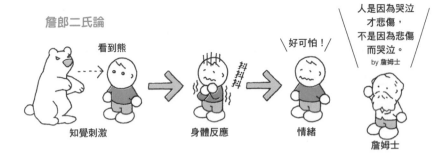

詹郎二氏論

看到熊

知覺刺激　　　　身體反應　　　情緒

\好可怕！/

人是因為哭泣
才悲傷，
不是因為悲傷
而哭泣。
by 詹姆士

詹姆士

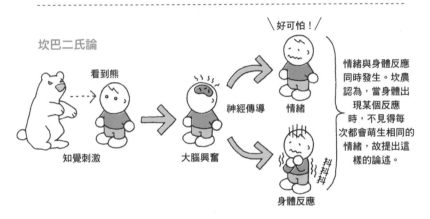

坎巴二氏論

\好可怕！/

看到熊

知覺刺激　　　　大腦興奮　　神經傳導　情緒

身體反應

情緒與身體反應
同時發生。坎農
認為，當身體出
現某個反應
時，不見得每
次都會萌生相同的
情緒，故提出這
樣的論述。

坎農（W.B. Cannon，1871 ～ 1945）和巴德 (D. Bard，1898 ～ 1977) 點出了詹郎二氏論的問題。他們認為當身體出現某個反應時，不見得每次都會萌生相同的情緒。恐懼會讓人顫抖，寒冷也會讓人顫抖。坎、巴二氏主張，看到熊的時候，人會透過大腦，同時產生「恐懼」這個情緒體驗，以及「顫抖」這個身體反應（坎巴二氏論）。

情緒二因論

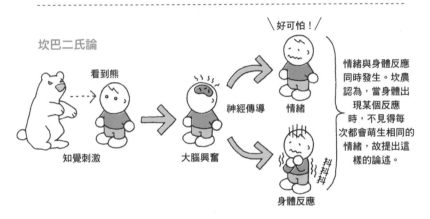

這個顫抖一定是出於恐懼，
而不是因為冷。

看到熊

\好可怕！/

知覺刺激　　　　身體反應　　由大腦判斷狀況　情緒

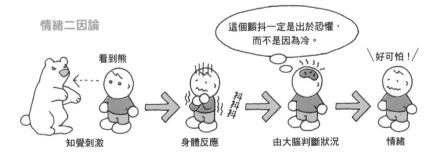

後來，沙克特（1922 ～ 1997）又發展出一套情緒二因論，認為人在顫抖之後，大腦會主動把它與「有熊出沒」的狀況拿來對照，進而切身感受到「恐懼」的情緒。

社會我

詹姆士
P018

定　義　想像自己在別人心中樣貌的觀念。
文　獻　《心理學原理》（詹姆士）
摘　要　將自我（我）分類為自己看到的「主我」（作為主體的自我），和別人看到的「客我」（作為客體的自我）。

詹姆士把**自我（自己）**這個概念，區分為**自己所看到的自己**，也就是主我（I），以及**主我所看到的自己**，也就是所謂的「**客我**」（me）。他又進一步將客我分成物質我、精神我和社會我這三類。**物質我**指的是對自己的身體、服裝等的認知或印象，**精神我**則是對自己的個性等的認知或印象，而**社會我**則是周遭的人對自己的認知或印象。

認識自己的人數越多，就有越多不同的自我——這種「**社會我**」的思維，對後來的**社會心理學**（P218）影響甚鉅。

心理學的誕生

智商

比奈 P019	**定　義**　比奈當初是用智力測驗量測到的數值（心智年齡），和實際年齡的比例，算出了 IQ（現在是用個人在同年齡群體內的標準分數來計算）。 **摘　要**　比奈的 IQ 算式是（心智年齡 ÷ 實際年齡）×100 ＝ IQ，並認為 IQ140 以上的天才佔 0.25％。

當年比奈是受法國政府委託，要用來客觀辨別哪些孩子需要特殊協助，才編訂出這份測驗。其內容經過改良後，就成了現在的智力測驗。在智力測驗中測得的智商（IQ），是將智力水準數據化的結果，目前是用各年齡平均所計算出來的數值。

說出物體的名稱	說明差異	（用三個詞彙） 寫出句子

蘋果
香蕉
橘子

若於3歲時可做到，則【IQ100】

一隻耳朵小，
一隻耳朵長

若於3歲時可做到，則【IQ110】

我在家看書，
看著看著很想
睡覺，就在床
上睡著了。

若於3歲時可做到，則【IQ120】

簡單的問題 ━━━━━━━━▶ **困難的問題**

早期的智力測驗，受測對象是3～13歲的孩童。
題目設定由簡單到困難，藉以量測孩童的智商。

一般認為**智力**可分為兩種，一種是會隨著年齡增長而遞減的推理能力等，也就是所謂的**流動智力**（P167）；另一種則是即使年齡增長也不會降低的理解力等，也就是所謂的**晶體智力**（P167）。

流動智力	晶體智力

包括專注力、計算力、記憶力、背誦力等，會隨著年齡增長而遞減。

包括理解力、自制力、語言能力、知識等，不會隨年齡增長而遞減。

行為主義

古典制約

巴卜洛夫
P018

定　義　刻意將食欲等自律神經的反射或反應（非制約反射）和
其他刺激（鈴聲等）聯結。
文　獻　《制約反射》（巴卜洛夫）
摘　要　直到巴卜洛夫的實驗出現，才得以呈現「制約」的概念。

行為主義

我們的身體活動，並非全都出自個人的意識決定。人和動物的身體，在很
多情況下，是因為對促發產生**反應**（反射），而出現**無意識的**動作（生理
反應）。

自然界的運作，
奠基在因果關係之上。

啊！

刺激（原因）　　反應（結果）

而我們的行為，也是奠基在
「對刺激出現反應」
這樣的因果關係上，方能成立。

把食物放入口中，唾液就會自動地流出來。這種因為受到外部刺激，而**無
條件發生**的**先天生理反應（反射）**，我們稱之為非制約反射。而只是看到
食物就分泌唾液，是因為經驗累積，而於**後天獲得的反應（反射）**，也就
是所謂的制約反射。

非制約反射
把飼料放進狗的嘴裡，
狗就會流口水。
這種先天性的反射，
就是所謂的非制約反射。

制約反射
後來狗只要一看到飼料
就會流口水。
這種因為過往經驗而獲得的反射，
就是所謂的制約反射。

只要運用刺激與反應（反射）的關係，就能刻意操作任何行為。這個想法的基礎，是生理學家**巴卜洛夫**所操作的一項實驗，後人稱之為「巴卜洛夫的狗」。

「巴卜洛夫的狗」實驗

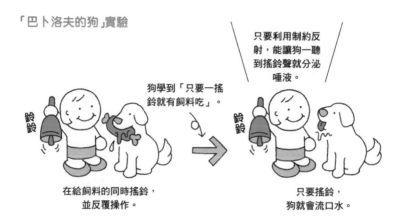

只要利用制約反射，能讓狗一聽到搖鈴聲就分泌唾液。

狗學到「只要一搖鈴就有飼料吃」。

在給飼料的同時搖鈴，並反覆操作。

只要搖鈴，狗就會流口水。

把原本毫無瓜葛的刺激和反應刻意聯結起來，就像「**巴卜洛夫的狗**」實驗當中的搖鈴聲和唾液一樣，這就是所謂的制約。而在這個實驗當中出現的**制約**，是依附**在非制約反射**（如唾液分泌等）之下，我們稱之為古典制約，和稍後介紹的**操作制約**（P74）是相對的概念。

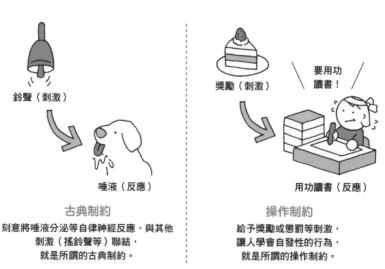

鈴聲（刺激）

唾液（反應）

獎勵（刺激）

要用功讀書！

用功讀書（反應）

古典制約

刻意將唾液分泌等自律神經反應，與其他刺激（搖鈴聲等）聯結，就是所謂的古典制約。

操作制約

給予獎勵或懲罰等刺激，讓人學會自發性的行為，就是所謂的操作制約。

巴卜洛夫的這項研究，為日後主張「人或動物的所有行為，都只不過是身體在刺激下所出現的**生理反應**」的**行為主義**（P72）學派，奠定了基礎。

嘗試錯誤學習

定　義	不斷反覆地嘗試和失敗，從中學到合適的解決方案。
文　獻	《教育心理學》（桑代克）
摘　要	不斷地嘗試錯誤，就能逐步邁向問題的解決之道。

桑代克
P020

桑代克用貓做了一項實驗，以確認人在面對問題時，如何學會解決問題的方法。

行為主義

把貓放在一個特製的籠子裡，
外面放餌。

貓會伸出爪子想拿魚，但就是拿不到。
動作之後若得不到效果，伸爪拿魚的行為就會減少。

原來貓會自行聯
結實際行動和行動結
果，並且從中學
習啊！

桑代克

捅下頁

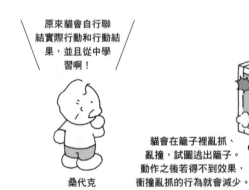

貓會在籠子裡亂抓、
亂撞，試圖逃出籠子。
動作之後若得不到效果，
衝撞亂抓的行為就會減少。

桑代克把一隻飢腸轆轆的貓放進籠子裡，並在籠外放了餌。籠子裡垂了一條繩子，只要一拉繩，門就會打開。貓先是碰碰繩子，或踩踩綁著繩子的踏板。後來，這隻貓竟偶然成功地開了門。貓走出籠子之後，實驗人員就會再把牠抓回籠子裡。如此重複幾次之後，貓在籠子裡的無謂動作就越來越少，開始懂得一進去就要馬上拉繩。

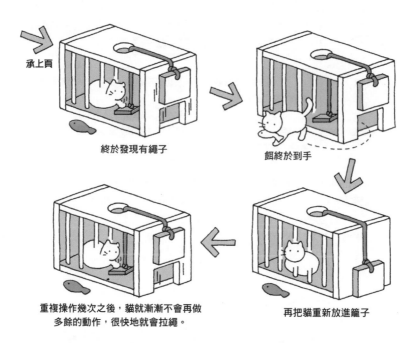

承上頁

終於發現有繩子

餌終於到手

重複操作幾次之後，貓就漸漸不會再做
多餘的動作，很快地就會拉繩。

再把貓重新放進籠子

桑代克認為人和這隻貓一樣，會自行聯結實際行動和行動結果，並且從中學習。面對問題時，不斷反覆地**嘗試**（行為）和**失敗**（結果），從（嘗試錯誤）中學到合適的解決方案，這就是所謂的嘗試錯誤學習。

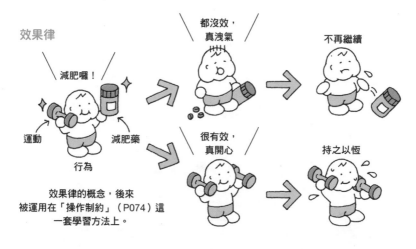

效果律

減肥囉！

都沒效，
真洩氣

不再繼續

運動

減肥藥

行為

很有效，
真開心

持之以恆

效果律的概念，後來
被運用在「操作制約」（P074）這
一套學習方法上。

桑代克又進一步從這個實驗當中，推導出「效果律」的概念，也就是人比較容易重複進行那些能獲得滿足的行為，至於那些無法獲得滿足的行為，後來就會漸漸不再操作。

071

行為主義

華生 P020	定　義　心理學應該要研究的是可以客觀觀察的行為，而不是無法觀察的主觀意識。 文　獻　《一個行為主義者心目中的心理學》（華生） 摘　要　就廣義的角度來說，巴卜洛夫和桑代克的研究，也算是屬於行為主義的範疇。

自從**馮德的研究**（自我觀察，P058）問世以來，心理學就一直被視為是研究**意識**的一門學問。對此，**華生**主張「**意識**無法客觀地觀察，故不能作為科學研究的主題」。不過，他認為可觀察人類接受外在刺激後的反應，也就是觀察「行為」，所以心理學堪稱是一門科學。

意識無法觀察，所以不能作為科學研究的主題。

華生

若以客觀行為作為研究對象，而不是主觀意識的話，那麼心理學就堪稱是一門科學——這樣的立場，我們稱之為行為主義。華生認為，透過行為的觀察，來預測行為，或了解控制行為的方法，是心理學的使命所在。

恐懼行為　喜悅行為　悲傷行為

行為可以客觀地觀察，所以堪稱為科學。

華生

華生認為心理學要研究的，是可以觀察的行為，而不是無從觀察的意識

S-R理論

	定　義　只要研究刺激（S）與反應（R）之間的關係，就能了解 人類的行為。
華生 P020	摘　要　根據 S-R 理論的說法，人的發展全都仰賴環境，與遺傳 無關。

不管人的行為看來有多複雜，其實都是受到外部**刺激**（stimulus）後產生反應，而行為就只不過是這些**反應**（response）的**聯結（結合）**罷了——這樣的論述，我們稱之為 S-R 理論（又稱為 S-R 聯結、S-R 結合）。S-R **理論**是**華生**在**行為主義論述**當中的核心。他認為所有行為都是生理上的**制約反射**（P068），而不是出於自由意志的結果。

華生主張，只要應用 S-R **理論**來進行教育、訓練，不論遺傳如何，人類都能學會各種能力。

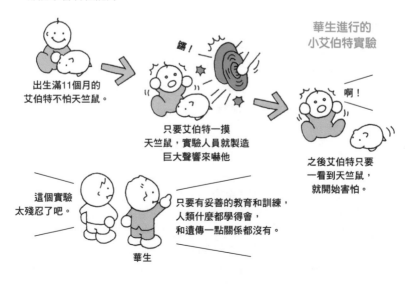

華生進行的
小艾伯特實驗

出生滿11個月的
艾伯特不怕天竺鼠。

只要艾伯特一摸
天竺鼠，實驗人員就製造
巨大聲響來嚇他

之後艾伯特只要
一看到天竺鼠，
就開始害怕。

這個實驗
太殘忍了吧。

只要有妥善的教育和訓練，
人類什麼都學得會，
和遺傳一點關係都沒有。

華生

操作制約

定　義　在獎賞和懲罰之下，學會主動做出某些行為。

文　獻　《有機體的行為》（史金納）

摘　要　史金納的操作制約實驗，可說是以華生（P073）和桑代克（P070）的實驗為基礎，發展衍生而來的結果。

史金納
P026

建立「押下拉桿就會掉出起司（獎賞）」的機制

老鼠主動
押下拉桿的次數增加

行為主義

操作制約 -

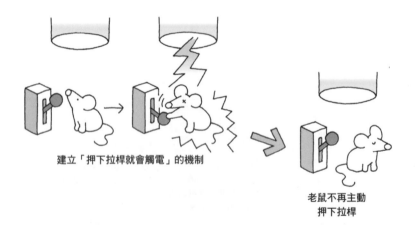

建立「押下拉桿就會觸電」的機制

老鼠不再主動
押下拉桿

行為主義（P072）的心理學家**史金納**，也是一位只以「能客觀觀察的**行為**」為研究對象，不探討意識問題的學者。他在一個老鼠實驗當中，發現只要給予**獎賞或懲罰**，動物的行為就會自動出現變化。這種因為**獎賞或懲罰**而**導致自主行為出現變化**的現象，就是所謂的操作制約。

※操作制約（operant conditioning）的「operant」，是從「operate」衍生而來的詞彙。

在**古典制約**（P069）當中，行為是受到促發（primer）的影響；在**操作制約**當中，則是因為獎賞或懲罰等行為之後的結果刺激而變動。**因為獲得獎賞而增加行為次數**，就是所謂的**強化**；因為遭受懲罰而減少行為次數，我們稱之為**弱化**。

強化

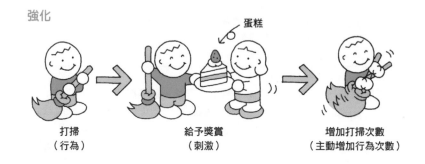

打掃	給予獎賞	增加打掃次數
（行為）	（刺激）	（主動增加行為次數）

弱化

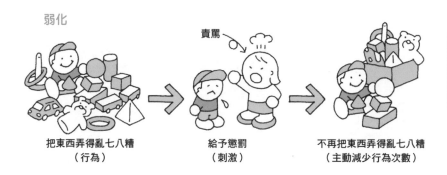

把東西弄得亂七八糟	給予懲罰	不再把東西弄得亂七八糟
（行為）	（刺激）	（主動減少行為次數）

史金納得到的結論是：像**制約反射**（P068）這樣的生理反應，是鈴聲等外在因素所引起，而非當事人的性格等內在因素。至於人的**主動行為**，也同樣與性格等內在因素無關，而是由於獎賞或懲罰等外在因素所引起的。

古典制約
（P069）

生理反應和主動行為都是由於外在因素所引起，而非內在因素。

操作制約

搖鈴聲（刺激） ／ 生理反應（反射） ／ 史金納 ／ 獎賞（刺激） ／ 主動行為

認知地圖

定　義	我們在回想生活環境時，腦中會浮現一套有如地圖般的意象。
文　獻	《新行為主義心理學》（托爾曼）
摘　要	托爾曼的研究發現，老鼠在迷宮裡到處跑的過程中，腦中的認知地圖會逐漸成形。這個研究成果，促成了認知心理學（P139）的誕生。

托爾曼
P022

托爾曼做了一個「將老鼠放進迷宮」的實驗。他發現即使不給飼料（獎賞），老鼠還是會記住迷宮裡的路。置身於迷宮中的老鼠，在到處亂跑的過程中，逐漸掌握了迷宮裡的空間結構，不知不覺間就在腦中拼湊出了認知地圖。這樣的現象，我們稱之為潛在學習（認知：判斷、解釋周遭環境）。

即使不給獎賞，老鼠仍然記住了迷宮裡的路。

托爾曼認為，老鼠會為了找尋飼料等**目的**，而使用這一份**認知地圖**。

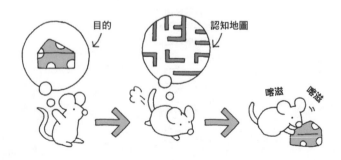

目的　　　認知地圖

喀滋　喀滋

托爾曼主張，人和動物在每天的生活當中，都會在無意識的情況下，對周遭的環境建構出各種各樣的**認知地圖**，並在必要時妥善運用，以決定自己後續的行動。

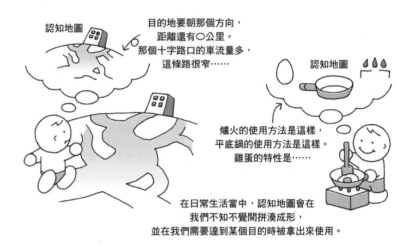

認知地圖

目的地要朝那個方向，
距離還有○公里。
那個十字路口的車流量多，
這條路很窄……

認知地圖

爐火的使用方法是這樣，
平底鍋的使用方法是這樣。
雞蛋的特性是……

在日常生活當中，認知地圖會在
我們不知不覺間拼湊成形，
並在我們需要達到某個目的時被拿出來使用。

行為主義

行為主義（P072）學派的觀點認為，所有行為都是在受到**刺激（S）**之後，所做出的**反應（R）**罷了（S-R 理論，P073）。不過，**托爾曼**認為這些反射行為，應該要和所謂的目的行為，例如走向目的地、為了填飽肚子而吃東西等行為分開考量。因為他認為，在目的行為當中，從接受**刺激（S）**，到發生**反應（R）**之間，還有**認知等（O）**因素居中媒介（S-O-R 理論）。

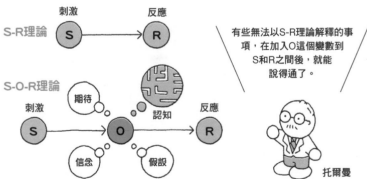

S-R理論

刺激　　　　　　　　　　反應

S → R

S-O-R理論

有些無法以S-R理論解釋的事
項，在加入O這個變數到
S和R之間後，就能
說得通了。

期待　　　　認知

刺激　　　　　　　　　　反應

S → O → R

信念　　　　假設

托爾曼

在 S 和 R 之間，有著當事人或動物自己特有的**某項因素**居中媒介（除了認知之外，還有信念、期待等）——這樣的想法，就是將**行為主義**原本的**S-R 理論**，修正成 **S-O-R 理論**，我們稱之為新行為主義（O ＝有機體：Organism）。

交互抑制

定 義	先了解哪些刺激會引起受試者焦慮，再訓練受試者安心，進而消除焦慮的心理治療手法。
文 獻	《交互抑制心理治療法》（渥爾普）
摘 要	反向運用 S-R 理論的療法。

渥爾普
P030

我怕狗。
只要深呼吸三次，
我就能放鬆。

只要運用S-R理論，
就能克服你怕狗的問題。
不必再透過精神分析（P104）
來找出你討厭狗的原因。

渥爾普

行為
主義

精神科醫師**渥爾普**，曾負責治療患有**創傷後壓力症候群**（PTSD）的士兵。他開發出一種**行為治療**（P114），針對會引起患者恐懼或焦慮的原因，反向訓練患者進入放鬆狀態，也就是所謂的交互抑制。

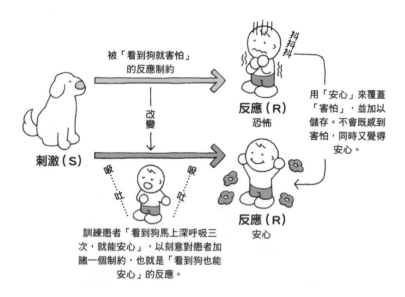

被「看到狗就害怕」
的反應制約

刺激（S）

改變

反應（R）
恐怖

用「安心」來覆蓋
「害怕」，並加以
儲存。不會既感到
害怕，同時又覺得
安心。

反應（R）
安心

訓練患者「看到狗馬上深呼吸三
次，就能安心」，以刻意對患者加
諸一個制約，也就是「看到狗也能
安心」的反應。

怕狗的原因，來自於「怕狗」這股情緒的**古典制約**（P069）。只要重新設定**制約**，面對刺激的反應，就會從原本的「害怕」轉成「安心」。這個方法還運用到「人無法同時感受到兩種不同情緒」的原理。

交互抑制的目標，是先從較輕微的恐懼或焦慮著手，最後要消除較嚴重的恐懼或焦慮。這種階段性（系統性）消除恐懼或焦慮的療法，就是所謂的系統減敏法。

系統減敏法　　從較輕微的問題著手，分階段消除恐懼的方法。

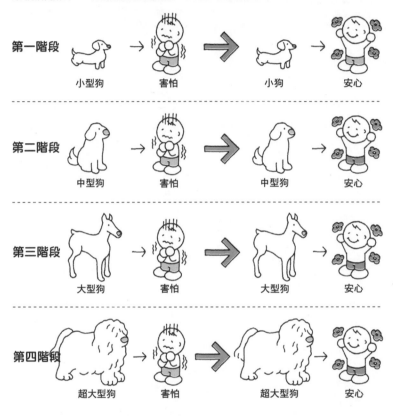

第一階段　小型狗 → 害怕 ⟹ 小狗 → 安心

第二階段　中型狗 → 害怕 ⟹ 中型狗 → 安心

第三階段　大型狗 → 害怕 ⟹ 大型狗 → 安心

第四階段　超大型狗 → 害怕 ⟹ 超大型狗 → 安心

交互抑制和其衍生而來的**系統減敏法**，如今已成為用來改善強迫症和恐慌症的主要手法。

案主
諮商師

我怕去暗的地方

一去到暗的地方，就試著想像一座樂園。

完形心理學

完形心理學

定　義	心理現象的本質在於它的整體，而不是局部（元素）。
文　獻	《運動視覺的實驗研究》（魏泰默爾）
摘　要	除了魏泰默爾之外，柯勒（P022）、柯夫卡（1886～1941）也都被視為是完形心理學的創始者。

魏泰默爾等人
P021

馮德等人所主張的**結構主義（元素主義）**，認為**意識（心）**是由一個個的元素匯集而成。而**魏泰默爾**等人所提出的完形心理學，就是在否定結構主義的思維。

結構主義（P059）

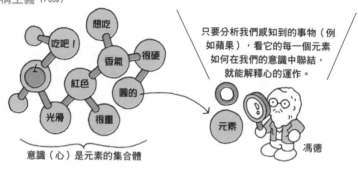

只要分析我們感知到的事物（例如蘋果），看它的每一個元素如何在我們的意識中聯結，就能解釋心的運作。

意識（心）是元素的集合體

馮德

完形心理學

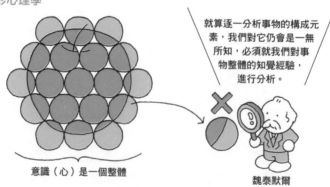

就算逐一分析事物的構成元素，我們對它仍會是一無所知，必須就我們對事物整體的知覺經驗，進行分析。

意識（心）是一個整體

魏泰默爾

完形心理學派主張我們的知覺經驗是針對事物整體，而不是個別元素的聯結。

舉例來說，下面的這張圖，我們會把它看成是兩根棒子或四邊形，但不會把它當成是四條線（元素）。

以上這些圖形的元素都是四條線，但將它們整合起來，就會得到比四條線更多的產物。

再者，例如我們在聽音樂時，我們聆賞的是樂曲整體，而不是單獨去聽每一個聲音。

就算從音樂當中拿出每一個音符來分析，我們對這段音樂仍會是一無所知。

就像這樣，整體（完形）可以創造出超越個別元素加總的產物。因此，**魏泰默爾**等人認為，心理學要做的，不是把意識的內容還原成個別的元素，而是要以整體的觀點來進行研究。

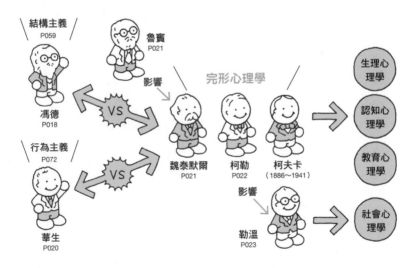

完形心理學對今日的**認知心理學**（P139）和**社會心理學**（P218）等領域，都留下了深遠的影響。

	似動現象
	定　義　在空無一物的空間裡，看到物體連續運動的現象。
	文　獻　《運動視覺的實驗研究》（魏泰默爾）
魏泰默爾 **P021**	摘　要　魏泰默爾的似動現象研究，被視為是完形心理學 （P082）的濫觴。

一般認為，**完形心理學**的起點，始於**魏泰默爾**的研究。**魏泰默爾**關注的焦點，是讓兩個圖形輪流閃現之後，這兩個圖形看起來就會像是連續的。

兩個圖形輪流閃現，
我們就會認為這兩者是連續運動。

電影就是應用這個原理的產物。每一格底片雖然都是靜止的，但把這些底片接續著看，底片上的景物在我們眼中就動了起來。

其實這兩格之間什麼都沒有，
我們卻覺得兩者看來像是連續運動。

就像這樣，實際上什麼都沒有的部分，看起來卻像是連續運動。這個現象，我們稱之為似動現象。主張「意識是元素的總和」的**結構主義（元素主義）**（P059）學派，就無法解釋這樣的現象。

完形法則

定　義	讓「分散的個體」看起來像是一個「整體」的法則。
文　獻	《運動視覺的實驗研究》（魏泰默爾）
摘　要	完形法則會在優美型態法則（人會想用簡單的形式，認識雜亂的整體）作用下呈現。

魏泰默爾
P021

魏泰默爾認為，當我們同時想傳達多個元素時，人的知覺會認知到的是「一個整體」，而不是個別的元素（群化原則、組織法則）。他把蘊釀出這種「整體」感的因素，命名為完形法則。

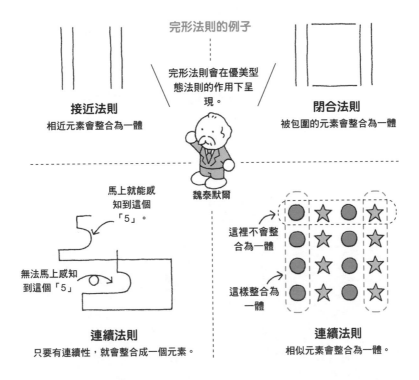

完形法則的例子

接近法則
相近元素會整合為一體

完形法則會在優美型態法則的作用下呈現。

閉合法則
被包圍的元素會整合為一體

馬上就能感知到這個「5」。

魏泰默爾

這裡不會整合為一體

無法馬上感知到這個「5」

這樣整合為一體

連續法則
只要有連續性，就會整合成一個元素。

連續法則
相似元素會整合為一體。

魏泰默爾認為，人在認知事物整體的**全貌（完形）**（P083）之際，往往會想用盡可能簡單明瞭的方式，來了解自己接收到的刺激。這就是所謂的優美型態法則（Law of Prägnanz）。很多**完形法則**發動的原因，都是由於**優美型態法則**在人的心理上發生作用的緣故。

完形心理學

經驗法則

定　義　當我們認識眼前看到的事物時，會受過往經驗的影響。

摘　要　經驗法則可算是完形法則的一種。不過，當經驗法則和其他法則同時作用之際，經驗法則的影響就會減弱。

魏泰默爾
P021

13

我們會在經驗因素的作用下，自行匯整這些文字，所以不會讀成A、13、C、D。

A、B、C、D……

根據經驗，應該讀作A、B、C、D。

從知覺當中獲取的資訊，若混入了大量雜訊，或資訊量原本就很有限時，**經驗**就會對我們的認知帶來很大的影響，也就是所謂的經驗法則。

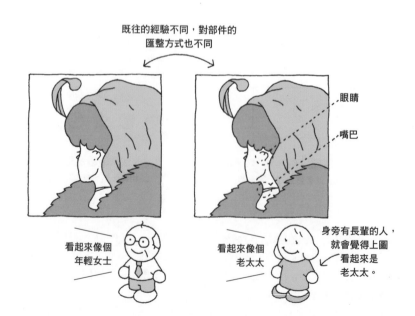

既往的經驗不同，對部件的匯整方式也不同

眼睛

嘴巴

看起來像個年輕女士

看起來像個老太太

身旁有長輩的人，就會覺得上圖看起來是老太太。

完形心理學

圖｜地

定　義　看起來比較立體浮現的是「圖」，周圍看起來像背景的是「地」。

文　獻　《視覺認知圖像》（魯賓）

摘　要　人是透過圖與地的分化（分離）來認識形狀。

魯賓
P021

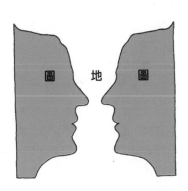 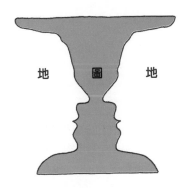

若看到兩張臉的圖，那麼其他部分（盃）就是地；
若看到盃的圖，那麼其他部分（兩張臉）就是地。
把兩者之一認為圖，另一方就會是地，換言之就是只會把它們看作背景。

魯賓對**完形心理學**（P082）的成立影響甚鉅。他把這張畫中看起來比較立體浮現的形狀稱為「圖」，周圍看起來像背景的部分則稱為「地」。以知名的「魯賓之盃」為例，若看到兩張臉的**圖**，那麼其他部分（盃）就是**地**；若看到盃的**圖**，那麼其他部分（兩張臉）就是**地**。所以人對形狀的認知，其實是透過圖與地的分化（分離）來進行的。

容易形成「圖」的條件例示

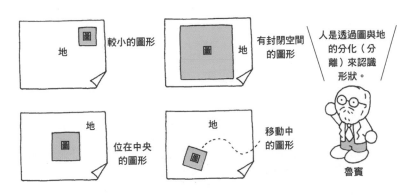

勒溫 P023	# 場地
	定　義　　人所認定的一個框架
	文　獻　　《社會科學場地論》（勒溫）
	摘　要　　勒溫把完形心理學（P082）的思維，套用到社會心理學上，推出了「人的行動會受場地（環境）左右」的場地論。

看起來像是兩根棒子，
而不是四條線

通常我們會把上圖看成兩根棒子，而不是四條線。這是因為我們在看待事物時，並不是先看事物的個別元素，再將它們聯結起來，而是把事物用**一個整體的框架（場地）來看待**。

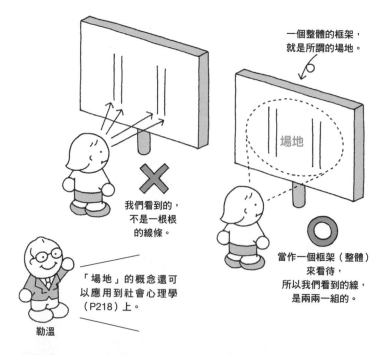

一個整體的框架，就是所謂的場地。

場地

我們看到的，不是一根根的線條。

當作一個框架（整體）來看待，所以我們看到的線，是兩兩一組的。

「場地」的概念還可以應用到社會心理學（P218）上。

勒溫

後來勒溫把人類這種用「**場地**」概念來認識世界的心理，化為**場地論**（P218），應用在**社會心理學**（P218）上。

頓悟學習

	定　義　不經過嘗試錯誤，而是洞察問題的整體狀況，以期順利解決問題的心智運作。
柯勒 P022	文　獻　《人猿的心態》（柯勒） 摘　要　「頓悟學習」的發現，對認知心理學留下了相當深遠的影響。

完形心理學（P082）不僅對**結構主義**（P059）提出質疑，對於只用「受到外部**刺激**時的**反應**」來解讀人類的**行為主義**（P072），也拋出了疑問——在**柯勒**操作的實驗當中，黑猩猩是先洞察**整體（完形）**的狀況，再透過**瞬間頓悟**（頓悟時刻，Aha moment）解決了問題，而不是嘗試錯誤（P071）的結果（頓悟學習）。

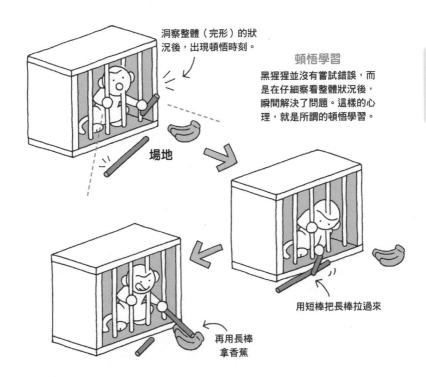

洞察整體（完形）的狀況後，出現頓悟時刻。

場地

頓悟學習

黑猩猩並沒有嘗試錯誤，而是在仔細察看整體狀況後，瞬間解決了問題。這樣的心理，就是所謂的頓悟學習。

用短棒把長棒拉過來

再用長棒拿香蕉

其實在黑猩猩的**意識**當中，已經透過思考進行了**認知**（判斷）活動。行動主義排除了**意識**和**心**的存在，而**行動主義**下的 S-R 理論（P073），無法解釋這個實驗結果。「**頓悟學習**」的發現，對今日的認知心理學（P139）留下了相當深遠的影響。

精神分析

潛意識

定　義	受到壓抑的意識，但當事人並沒有認知到它的存在
文　獻	《精神分析引論》（佛洛伊德）
摘　要	由於今日仍無法實際證明佛洛伊德所謂的「潛意識」，故有人批評它稱不上是一個科學的概念。

佛洛伊德
P018

長久以來，人類都認為個人的行為，是自己在理性之下所做的決定。然而，**佛洛伊德**卻主張，人的行為大多都是受到理性無法控制的**潛意識**所支配。

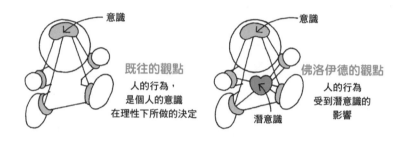

精神科醫師**佛洛伊德**，在研究「健忘症」這種腦神經方面的症狀時，發現了**潛意識**的存在。佛洛伊德認為，人會把想忘掉的記憶藏在**潛意識**裡，讓自己平常意識不到它們的存在。然而，它們有時可能會成為神經方面的症狀。

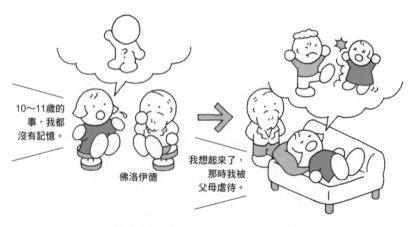

佛洛伊德讓患者在放鬆的狀態下，回溯過往的記憶。
結果發現，患者不願想起的記憶，引發了「健忘症」這種神經方面的症狀。

精神分析

佛洛伊德認為，其他諸如像是不明動機下的行為或靈光乍現、小口誤、作夢等，都是出於**潛意識**作用下的結果。

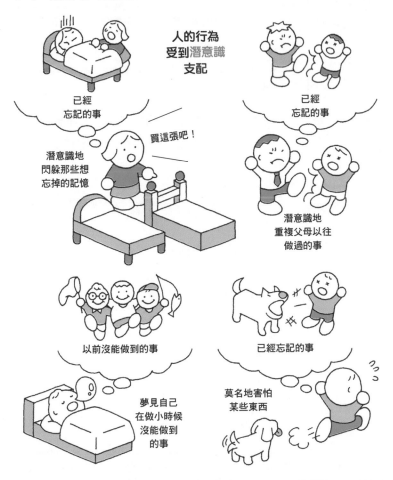

人的行為受到潛意識支配

已經忘記的事

潛意識地閃躲那些想忘掉的記憶

買這張吧！

已經忘記的事

潛意識地重複父母以往做過的事

以前沒能做到的事

夢見自己在做小時候沒能做到的事

已經忘記的事

莫名地害怕某些東西

佛洛伊德主張「心」分為三層，分別是意識、前意識和潛意識（心理地形學，topography）。而平常在**潛意識**當中受到壓抑的記憶，會在某些因緣際會下進入意識裡，進而引發各種行為。

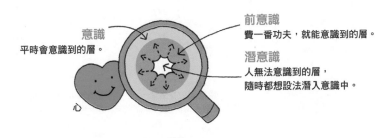

意識
平時會意識到的層。

前意識
費一番功夫，就能意識到的層。

潛意識
人無法意識到的層，隨時都想設法潛入意識中。

心

本我 ｜ 自我 ｜ 超我

定　義	本我是欲力的儲存槽，自我是意識的中心，超我則是良心。
文　獻	《自我與本我》（佛洛伊德）
摘　要	佛洛伊德把一種類似人類本能的精神能量稱為欲力，而這個能量源於本我。

佛洛伊德 P018

佛洛伊德先是把心分為**意識、前意識和潛意識**這三層（心理地形學，P93），但後來又改分為**本我**（id）、**自我**（ego）和**超自我**（superego）。

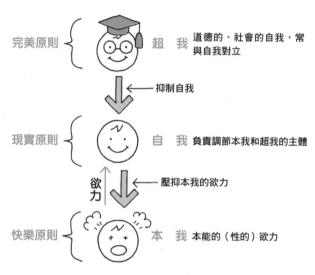

完美原則 ｛ 　超　我　道德的、社會的自我，常與自我對立

← 抑制自我

現實原則 ｛ 　自　我　負責調節本我和超我的主體

欲力 ← 壓抑本我的欲力

快樂原則 ｛ 　本　我　本能的（性的）欲力

本我是一個儲存槽，存放了包括本能**欲力**──也就是**力比多**（libido，P096）在內的潛意識心理能量，以一味追求快樂的**快樂原則**為準。另一方面，為了讓自己生存下去的**自我**，則是要一邊抑制以**完美原則**為準則的**超我**，又要秉持**現實原則**，來壓抑**本我**的欲力。

快樂原則
一味追求快樂的
心智運作

想要性行為
想吃
想排泄 想喝 想睡覺

現實原則
一邊適應社會生活，
一方面又要壓抑欲力的心智運作

完美原則
不能給別人添麻煩！
想有良知地在社會上立足，
是一種追求完美的心智運作

精神分析

自我並非與生俱來，它是為了要壓抑包括本我在內的本能欲力，才在後天建立的。所以自我——也就是所謂的「我」並不穩固，經常被本我衝撞，處於不穩定的狀態。

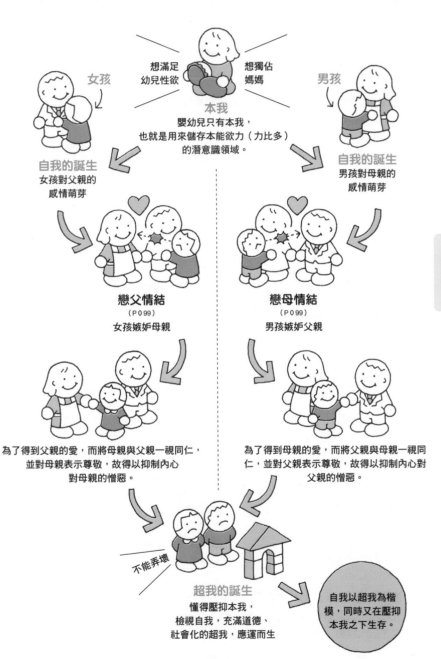

想滿足幼兒性欲　想獨佔媽媽

女孩　　　男孩

本我
嬰幼兒只有本我，
也就是用來儲存本能欲力（力比多）
的潛意識領域。

自我的誕生
女孩對父親的
感情萌芽

自我的誕生
男孩對母親的
感情萌芽

戀父情結
（P099）
女孩嫉妒母親

戀母情結
（P099）
男孩嫉妒父親

為了得到父親的愛，而將父母親與父親一視同仁，並對母親表示尊敬，故得以抑制內心對母親的憎惡。

為了得到母親的愛，而將父親與母親一視同仁，並對父親表示尊敬，故得以抑制內心對父親的憎惡。

不能弄壞

超我的誕生
懂得壓抑本我，
檢視自我，充滿道德、
社會化的超我，應運而生

自我以超我為楷模，同時又在壓抑本我之下生存。

精神分析

力比多

定　義	性欲力，也就是一種本能的能量。不過，嬰幼兒的力比多，和 12 歲以上者的力比多不同。
文　獻	《性學三論》（佛洛伊德）
摘　要	「力比多」原為拉丁文，原意為「欲望」。

佛洛伊德
P018

佛洛伊德把本能能量的**性欲力**稱為「**力比多**」，認為它是人類主要的原動力。根據**佛洛伊德**的說法，剛出生的嬰兒就有**力比多**，且會隨著成長發展而變化，甚至還可分成口腔期、肛門期、性器期、潛伏期、兩性期。若能依各時期的需求，滿足人的性欲力，**力比多**就能順利地轉進下一個階段。

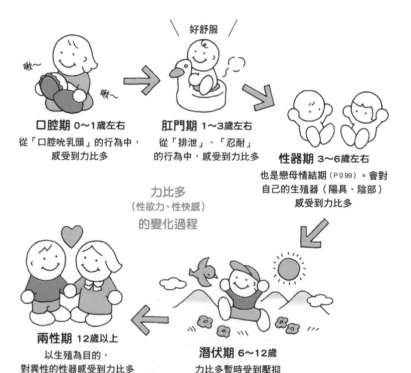

好舒服

啾～
啾～

口腔期 0～1歲左右
從「口腔吮乳頭」的行為中，感受到力比多

肛門期 1～3歲左右
從「排泄」、「忍耐」的行為中，感受到力比多

性器期 3～6歲左右
也是戀母情結期（P099）。會對自己的生殖器（陽具、陰部）感受到力比多

力比多
（性欲力、性快感）
的變化過程

兩性期 12歲以上
以生殖為目的，對異性的性器感受到力比多

潛伏期 6～12歲
力比多暫時受到壓抑

佛洛伊德認為，若**力比多**在某些時期沒有獲得正常的滿足，那麼在長大成人之後，人就會出現一些對該時期固著（fixation）的症狀。他也指出，六歲之前的經驗，會大大地影響我們日後的人生發展。

力比多在口腔期未得到滿足時

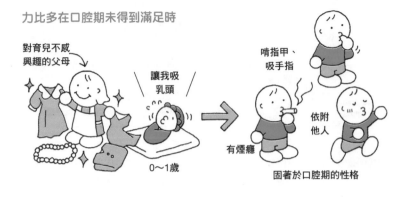

對育兒不感興趣的父母

讓我吸乳頭

0～1歲

啃指甲、吸手指

有煙癮

依附他人

固著於口腔期的性格

力比多在肛門期未得到滿足時

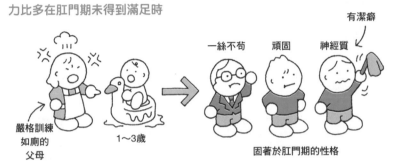

嚴格訓練如廁的父母

1～3歲

一絲不苟　頑固　神經質

有潔癖

固著於肛門期的性格

力比多在性器期未得到滿足時

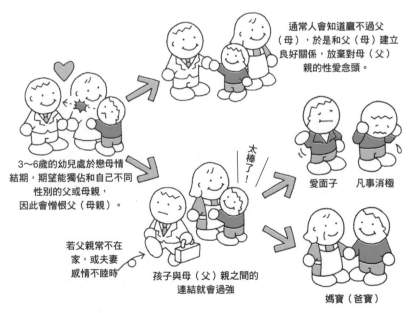

通常人會知道贏不過父（母），於是和父（母）建立良好關係，放棄對母（父）親的性愛念頭。

3～6歲的幼兒處於戀母情結期，期望能獨佔和自己不同性別的父或母親，因此會憎恨父（母親）。

若父親常不在家，或夫妻感情不睦時

孩子與母（父）親之間的連結就會過強

太棒了！

愛面子　凡事消極

媽寶（爸寶）

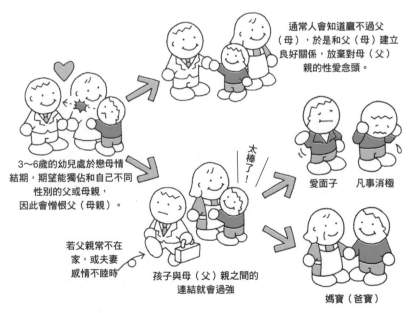

精神分析

戀親情結

定　義	性器期的孩子，對和自己同性別的父親或母親所懷抱的一種情結。
文　獻	《伊底帕斯情結的消解》（佛洛伊德）
摘　要	語源是來自希臘神話當中，伊底帕斯弒父娶母的悲劇。

佛洛伊德
P018

佛洛伊德認為，人類行為主要的原動力來自性欲。根據他的說法，男孩在3～6歲（性器期，P096）左右時，就會無意識地想與母親發生親密關係。也因為想獨佔母親的愛，而開始對父親產生敵意。

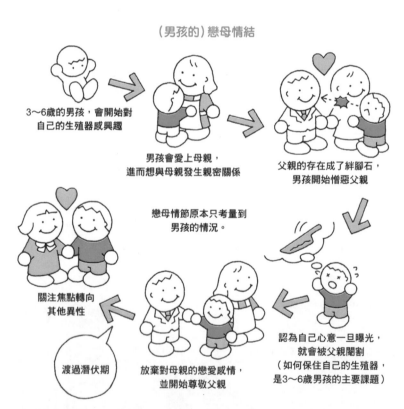

（男孩的）戀母情結

3～6歲的男孩，會開始對自己的生殖器感興趣

男孩會愛上母親，進而想與母親發生親密關係

父親的存在成了絆腳石，男孩開始憎惡父親

戀母情節原本只考量到男孩的情況。

認為自己心意一旦曝光，就會被父親閹割（如何保住自己的生殖器，是3～6歲男孩的主要課題）

放棄對母親的戀愛感情，並開始尊敬父親

渡過潛伏期

關注焦點轉向其他異性

但父親太強大，男孩終究不是對手。男孩擔心自己的心意被父親知道，事情就糟了。經過一番天人交戰後，男孩決定放棄獨佔母親，進入**潛伏期**（P096）。之後到**兩性期**（P096）時，男孩會開始關注其他異性，並對父親萌生敬意。

（女孩的）戀父情結

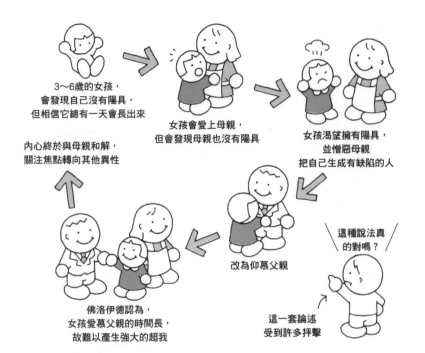

3～6歲的女孩，
會發現自己沒有陽具，
但相信它總有一天會長出來

女孩會愛上母親，
但會發現母親也沒有陽具

女孩渴望擁有陽具，
並憎惡母親
把自己生成有缺陷的人

內心終於與母親和解，
關注焦點轉向其他異性

改為仰慕父親

這種說法真
的對嗎？

佛洛伊德認為，
女孩愛慕父親的時間長，
故難以產生強大的超我

這一套論述
受到許多抨擊

佛洛伊德把這種對父母之中的同性別者抱持敵意，異性別者懷有性欲的現象，命名為**戀親情結**，並把兒童內心懷有這種糾葛的時期，稱為伊底帕斯期（Oedipal phase，3～6歲）。

太棒了！

孩子在伊底帕斯期時，
若父母關係不睦，
或父親經常不在家……

有一說認為，
日本因為多把
育兒工作交給
母親，所以媽寶
特別多。

佛洛伊德認為，若孩子和母親之間的距離
太近，孩子會無法順利脫離母親懷抱，或
是會發展出偏差性格

佛洛伊德認為，孩子在**伊底帕斯期**時，若父母關係不睦，或父親經常不在家，孩子（男孩）和母親之間的距離就會太近，無法順利脫離母親懷抱。如此一來，孩子在長大成人後，就會繼續受到**戀親情結**的糾纏。**佛洛伊德**認為，孩子在 3～6 歲，應該向父母之中的同性別者學習社會化。

防衛機轉

佛洛伊德等人
P018

定　義	讓自己避免受到心理壓力威脅的機轉。
文　獻	《自我與心理防衛機轉》（安娜・佛洛伊德）
摘　要	原本是由西格蒙德・佛洛伊德所構思的概念，後來由他的女兒安娜・佛洛伊德（P023）整理而成。

自我隨時都要面對來自**本我**的欲力（P094）。因此，**佛洛伊德**認為，為避免**自我**崩潰，人會祭出多種**心理防衛**。而這樣的心智運作，就是所謂的自我防衛機轉。在防衛機轉之下，**自我的運作可能是有意識的**，有時也可能是**無意識的**。**防衛機轉**有很多不同的類型，包括**壓抑**（repression）、反向作用（reaction formation）、認同（identification）、合理化（rationalization）、退化（regression）、**昇華**（sublimation，P102）等。

精神分析

壓抑

將不愉快的經驗或記憶都塞進潛意識，
並試圖遺忘的一種心智運作

以前我常被
老師罵

是嗎？我怎麼
一點都不記得了

認同

言行舉止都和自己嚮往的人物一樣，
讓自己完全變成他的分身，以期消除焦
慮與欲力的一種心智運作。

完全化身
偶像歌手

反向作用

人無法同時懷抱多種不同的意識。
因此，為了壓抑本我的欲力，
就要想著和自己心聲相反的事，
以壓抑自己心聲的一種心智運作

A小姐，
妳真是個好人

A小姐

其實我
超級討厭A

合理化

當我們的欲望沒有獲得滿足時，
就會找一些合理的理由，
以期能讓自己接受的一種心智運作。

其實是太貴
買不起

那不適合我

○○萬日圓

逃避
藉由幻想、工作、賭博、生病等，
以逃避面對現實的一種心智運作

退化
無法順利解決自己眼前的問題，就把自
己倒退回孩提時代的狀態，以期能解決
問題的一種心智運作

哇～哇～
我想當老闆

想藉由哭鬧來解決問題，
也就是打算祭出幼兒時期的解決方案

轉移
想改找其他對象來發洩受壓抑情緒
的一種心智運作。

你在搞什麼！

主管

你在搞什麼！

部屬

投射作用
內心有一股自己難以接受的欲力，
當發現別人和自己懷有同樣的欲力時，
就會藉由指責對方，
以排解內心焦慮的一種心智運作

不准再喝酒了！

其實自己
酒精成癮

補償 (P118)
試圖用其他方法來彌補自卑感
的一種心智運作。

書讀得不好，但很
會畫畫

0分

昇華

定　義	將被壓抑的欲力轉移為社會所認同的行為，是一種防衛機轉。
文　獻	《自戀導論》（佛洛伊德）
摘　要	佛洛伊德認為文化、文明都是因為昇華而得以發展。

佛洛伊德
P018

昇華是**佛洛伊德**最重視的**防衛機轉**（P100）之一，它指的是將不被社會、文化認同的，受壓抑的欲力，轉移為可被認同的行為，藉以得到滿足的一種心智運作。換言之，是正向版本的**轉移**（P101）。舉凡將性欲力投向藝術，將攻擊欲力轉到運動等行為，都是很具代表性的例子。

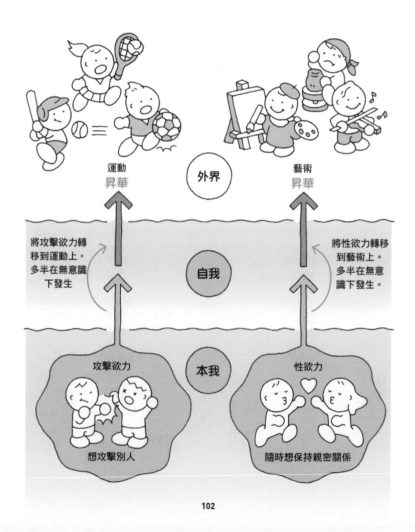

生存本能 | 死亡本能

佛洛伊德
P018

定　義　生存本能是一種求生的欲力，死亡本能則是死亡欲。
文　獻　《超越享樂原則》（佛洛伊德）
摘　要　晚年，佛洛伊德將力比多改稱為生存本能，並以它作為相對於死亡本能的概念。

死亡本能
主動趨向死亡的欲力

破壞行為

「無」的寂靜世界

有些無法用快樂原則（P094）或現實原則（P094）解釋的心智運作喔！

想必人都有一種欲望，就是想回到出生前那種不糾葛的無機物狀態。

隨機殺人　　自殘行為

佛洛伊德認為死亡本能會以各種行為的形式表現

精神分析

生存本能（力比多）
愛欲及求生的欲力

啾～啾～

求生的欲力

相對於死亡本能的是生存本能

生存本能是很簡單易懂的欲力

佛洛伊德晚年將力比多（P096）改稱為生存本能，並以它作為相對於死亡本能的概念。

愛欲

到了晚年，**佛洛伊德**發現無法光以**快樂原則**（P094）或**現實原則**（P094）來解釋自殘或隨機殺人等行為，於是便導入了死亡本能（Thanatos）的概念。在這個概念當中，佛洛伊德認為人都有一股欲力，就是想回到出生前那種無機物的狀態。而這種**求死欲力**，就是死亡本能。相對的，對性或自我保存的欲力等，這些想求生的、本能的**生存欲力**，就稱之為生存本能（力比多）。

精神分析

佛洛伊德 P018	定　義　由佛洛伊德創始，是一種將潛意識意識化，並加以分析的研究。 文　獻　《精神分析引論》（佛洛伊德） 摘　要　有些人批評精神分析並不是客觀的方法，故不屬於科學的範疇。

精神科醫師**佛洛伊德**在治療時，最常使用的**心理治療**（P114）手法是自由聯想法。操作時，會先讓患者躺在沙發上，在放鬆狀態下談談心中想到的事，進而釐清患者在受壓抑的潛意識當中，有何願望和衝動。佛洛伊德這一項將潛意識意識化，並加以分析的獨家研究，日後發展出了精神分析（精神分析治療）學派。

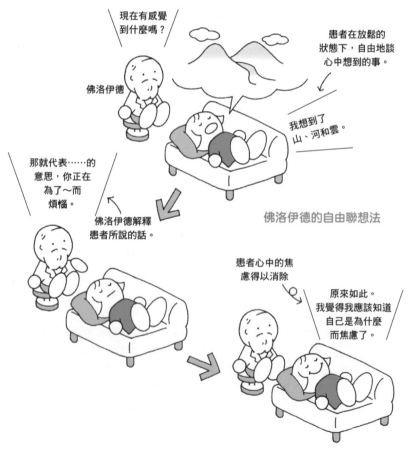

佛洛伊德的自由聯想法

夢的解析

定　義	將夢定義為「潛意識的欲力改換型態，所呈現的意象」，並透過分析夢的內容，來釐清潛意識裡的欲力。
文　獻	《夢的解析》（佛洛伊德）
摘　要	佛洛伊德認為夢中的意象主要是性欲的呈現。

佛洛伊德
P018

佛洛伊德為「夢」做了這樣的定義：人在睡眠時，**自我**（P094）的壓抑力道會降低，使得潛意識當中的**欲力（力比多）**（P096）浮現。它與意識混雜之後，所呈現的產物就是夢。他認為透過分析**夢的內容**（夢的解析），能釐清潛意識裡那些受到壓抑的欲力。**夢的解析**和**自由聯想法**一樣，都是**佛洛伊德**很重要的**精神分析治療**（P104）之一。

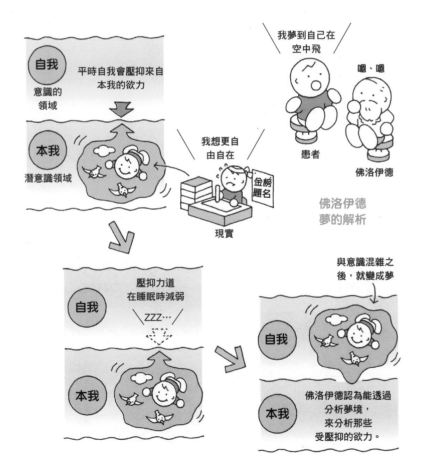

集體潛意識

榮格
P020

定　義　存在人心最深處，人類共通的潛意識。
文　獻　《潛意識心理學》（榮格）
摘　要　由於佛洛伊德只把個人的潛意識當作問題，而榮格的
　　　　「集體潛意識」這個想法，成了他與佛洛伊德決裂的導火線。

榮格是**佛洛伊德**（P018）的學生，也是一為精神分析學家。他發現世界各國有很多相似的花樣，也知道各國的神話有很多共通點。

從這些事實當中，**榮格**研判在潛意識最幽深之處，應該有一個**集體潛意識**的園地，用來儲存**人類祖先代代相傳的記憶**（原型，P108）。

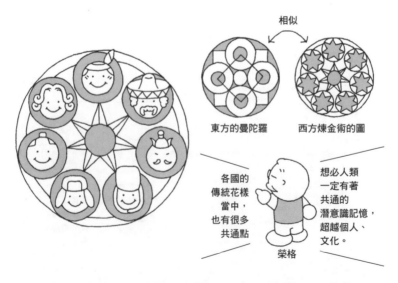

榮格認為「心」的結構，應該是在**自我**（個人意識）之下，有儲藏個人情感與記憶的個人潛意識；而在它的更幽深之處，還有一個「**集體潛意識**」，用來儲存一些超越個人、文化，屬於全人類共通的記憶。

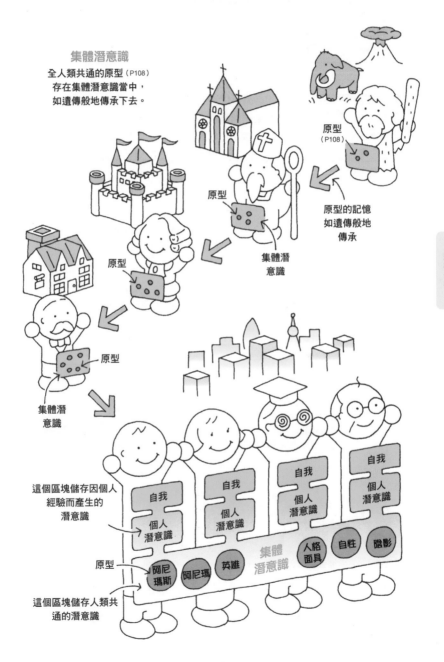

集體潛意識
全人類共通的原型（P108）
存在集體潛意識當中，
如遺傳般地傳承下去。

原型
（P108）

原型

原型的記憶
如遺傳般地
傳承

集體潛
意識

原型

原型

集體潛
意識

這個區塊儲存因個人
經驗而產生的
潛意識

自我

個人
潛意識

自我

個人
潛意識

自我

個人
潛意識

自我

個人
潛意識

原型

這個區塊儲存人類共
通的潛意識

阿尼
瑪斯

阿尼瑪

英雄

集體
潛意識

人格
面具

自性

陰影

原型

定　義	集體潛意識當中的各種意象
文　獻	《潛意識心理學》（榮格）
摘　要	「原型」可以說是人類對「母親」、「男性」、「英雄」等的共通「概念」。

榮格
P020

榮格知道世界各國的花樣和神話當中，有許多共通點。基於這個事實，榮格認為人心當中應該有一個**集體無意識**（P106）的區域，是人類從祖先身上如遺傳般地傳承而來。他將儲存在**集體潛意識**當中的元素，命名為「**原型**」。**原型**會化為各種不同的意象，出現在意識中，但人卻無法直接意識到「**原型**」本身。

精神分析

原型
原型是儲存在人類的共通意識──也就是集體潛意識當中的元素，
包括了偉大母親、智慧老人、自性等。

原型在夢中會化
為這些意象，
出現在意識中

聖母　　　偶像　　　海

偉大母親(great mother)
存在所有人類潛意識之中的「母親」。
呈現在意識中的是兼具溫柔和包容，
但也會形成束縛的人物

原型的意識化
（例：偉大母親）

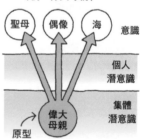

聖母　　偶像　　海　　意識

個人
潛意識

偉大
母親　　集體
潛意識

原型

維納斯　　女智者　　娼妓

阿尼瑪(Anima)
存在所有男性潛意識中的女性形象。
會在夢裡出現的迷人女性，可說是以阿尼瑪
為藍本，所呈現出來的樣貌

學者　　健壯男士　　領導者

阿尼瑪斯(Animus)
存在所有女性潛意識中的男性形象。
它化為健壯男士、學問淵博的學者，
以及領導者等意象，出現在意識中。

親切老人　　太陽、閃電　　父親、主管　　巫師

智慧老人（ wise old man ）

存在所有人類潛意識中的理想父親形象。
智慧老人也是倫理、權威、秩序的原型。
不過，人若是被這個原型束縛，心將會失去自由。

有時會把同性　　　鬼　　　惡魔　　會說話的動物
看成是自己的陰影

陰影（ shadow ）

存在個人潛意識中的另一個自己。
多半會化為壞的、負面的意象，出現在意識中。
不過，否定陰影時，也會否定掉自己潛在的可能。

調皮的
小矮人　　　　小丑　　　　　　神　　　光　　　美麗圖形

搗蛋鬼（ trickster ）

存在所有人的潛意識當中，
那些想摧毀權力、秩序的元素。
常會以丑角之類的意象，
出現在意識裡。

自性（ 自我 ）

完整的自己，真自我。
通常會化為十字架或曼陀羅等美麗的圖形
或花樣，出現在意識中。

英雄

存在所有人的潛意識中的英雄形象。常會化為
經典故事中的英雄等意象，出現在意識裡。

人格面具（ persona ）

存在潛意識當中，用來適應社會的
人格。被比喻為是
「隨不同時空場景使用的面具」。

榮格認為**原型**包括了**偉大母親**、**阿尼瑪**、**阿尼瑪斯**等，而它們也不斷地對
人的行為帶來極大的影響。

外向型 ｜ 內向型

榮格
P020

定　義　心理能量（興趣和關注）傾向關注自己周遭環境的，就
是外向性；傾向關注自己內在的，就是內向性。
文　獻　《心理類型》（榮格）
摘　要　將性格分成幾種不同類型的做法，稱為「類型論」
（P275）。

精神科醫師**榮格**以個人行醫經驗的觀察，認為人有外向性和內向性。**外向性**指的是心理能量（興趣和關注）傾向關注自己周遭的環境。**外向性**顯著的外向型人士，既開朗又擅於交際，但熱度來得快去得也快。心理能量傾向關注自己內在，**內向性**顯著的內向型人士，則常被說是懦弱又不擅交際，但其實也有不屈不撓、深謀遠慮的一面。

外向型
能量向外部發揮的類型

既開朗又擅於交際，
判斷事物的標準易受人左右

內向型
能量向內心傾注的類型

既消極又不擅交際，但一個人
獨處也無妨，所以心境能常保充實

此外，榮格還認為我們的心有四種功能（運作），也就是思維功能、情感功能、感覺功能和直覺功能，並將這四種功能又再區分出**外向性**和**內向性**。

心的四種功能

思維
合理判斷
事物的功能

情感
用情感來判斷
事物的功能

感覺
判斷事物讓自己覺
得舒服與否的功能

直覺
以直覺來判斷
事物的功能

性格的八種型態（類型）

	外向型	內向型
思考功能突出的類型	**外向思考型** 我很喜歡工作 能理性地面對現實社會	**內向思考型** 喜歡講道理 不受他人意見擺佈的學者特質型。他們對抽象事物的興趣，比對現實事物更深。
情感功能突出的類型	**外向情感型** 我喜歡高談闊論！ 對別人的情感可以感同身受，是受歡迎的社交型人物。	**內向情感型** 充實內在最重要 感受性強，好惡分明但不外顯
感覺功能突出的類型	**外向感覺型** 我最喜歡美好的事物和美味的食物！ 喜歡多看、多聽、多吃美食，享受每一天的享樂主義者	**內向感覺型** 那朵雲為什麼在等我？ 愛幻想，能從日常中找出與眾不同的感動與驚喜。
直覺功能突出的類型	**外向直覺型** Let's try！ 隨時都在追求新的可能，是冒險家型的人，不喜歡單調的生活	**內向直覺型** 我有靈感了！ 順著靈感或直覺行動，是天才藝術家型的人物。他們缺乏社交性，所以有時候會被當作怪人

精神分析

臨床心理學

心理治療

文　獻	《精神分析引論》（佛洛伊德）、《個人中心治療》（羅吉斯）等
摘　要	心理治療主要是由諮商師進行諮商（商討、建議）。

佛洛伊德等人
P018

心理學是透過實驗等科學方法，原則性地剖析一般人心理原理的學問（實驗心理學，P058）。相對的，臨床心理學則是以協助、治療有**心理問題的個人**（案主）為目的。

臨床心理學

基礎心理學
（實驗心理學，P058 等）
以剖析人類共通的心理為目的，
重視實驗與實證。

嗯、嗯

臨床心理學
以治療每個人
個別的心理問題為目的，
心理治療是它的方法之一。

一起治好心理
疾病吧！

可用在**案主**身上的**治療方法**有兩種，也就是投藥治療和心理治療。**心理治療**又包括了佛洛伊德首創的①**精神分析**（P104），以行為主義（P072）思維為基礎的②**行為治療**，還有羅吉斯（P025）的③**個人中心治療**（P128）、和以認知心理學（P139）為基礎的④**認知治療**等。目前是以②和④併用的認知行為治療為主軸。

天空代表的意思是
○○，所以你
現在想要○○。

我看到天空

佛洛伊德

①精神分析（P104）
讓案主的潛意識意識
化，以解決心理問題，
手法包括自由聯想法
（P104）和夢的解析
（P105）等。

我怕狗

我們先來練習適應小狗吧！

渥爾普（P030）

②行為療法

透過學習、訓練，將錯誤的制約改換成新的制約，進而改變行為的一種治療。手法包括交互抑制和系統減敏法等。
後來，艾森克（P030）甚至還主張：只有行為療法才是有效的心理治療。

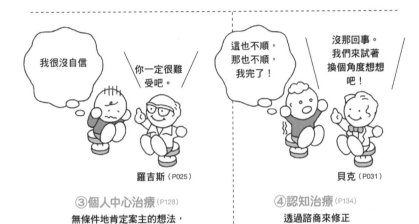

我很沒自信

你一定很難受吧。

羅吉斯（P025）

這也不順，那也不順，我完了！

沒那回事。我們來試著換個角度想想吧！

貝克（P031）

③個人中心治療（P128）

無條件地肯定案主的想法，並協助案主自行解決問題。

④認知治療（P134）

透過諮商來修正案主的錯誤認知。

除了心理治療之外，臨床心理學上還有波爾茲（P023）的完形治療（P125），還有艾里斯（P029）的理性情緒治療（P133）等。

我心裡破了一個洞。

那個洞是什麼呢？

波爾茲（P023）

我失戀了，我完了。

讓你煩惱的原因不是失戀這件事。

艾里斯（P029）

完形治療（P125）

協助案主「察覺」自己內心各種心情感受的治療手法。

理性情緒治療（P133）

透過改變想法來消除煩惱的治療手法，有時案主和諮商師也會共同討論。

阿德勒 P020	# 阿德勒心理學

定　義　由阿德勒所提出的心理學論述，重視行為目的更勝原因。
文　獻　《自卑與超越》（阿德勒）
摘　要　阿德勒心理學是由「人是無法分割的整體」這個基礎發
　　　　展而來，又有個體心理學之稱。

阿德勒深受**佛洛伊德**的**精神分析**（P104）影響，不過，**佛洛伊德**的研究，著重在人類行為的**原因**上；**阿德勒**關注的焦點則是**目的**，而非**原因**。阿德勒心理學又名個體心理學，以治療心靈為目的，當中包括了**目的論、整體論、功能主義和存在主義**等觀點。

阿德勒的心理學是 目的論

阿德勒心理學不考慮「行為」這個結果，是否由經驗或情感等原因引起（原因論），
它在意的，是要運用經驗或情緒來達成目的（目的論）。

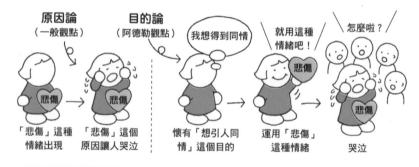

原因論 （一般觀點）	目的論 （阿德勒觀點）	我想得到同情	就用這種 情緒吧！	怎麼啦？
「悲傷」這種 情緒出現 → 「悲傷」這個 原因讓人哭泣		懷有「想引人同 情」這個目的	運用「悲傷」 這種情緒	哭泣

阿德勒的心理學是 整體論、功能主義

阿德勒認為個人是不可分割的最小單位（個體心理學）。
舉例來說，阿德勒心理學認為情緒和思考並不是在個人心中對立，而是「個人」這個整
體為達成自己的目的，運用了「情緒」和「思考」這兩項功能。

佛洛伊德的觀點	阿德勒的觀點
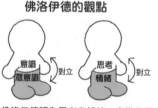	

佛洛伊德認為思考與情緒、意識與潛意識等，
都在個人心中對立。而阿德勒則認為思考和情緒是人為
達成目的所用的工具。

佛洛伊德的觀點

佛洛伊德認為，人的行動並不是出於個人的意志。

| 以往的經驗 | 催生出「害怕」的情緒 | 經驗左右人的行為 |

阿德勒的觀點

運用昔日經驗所引發的情緒來逃跑

阿德勒的心理學是存在主義

阿德勒認為個人的行為是出於個人的主觀意識，
並不是受潛意識或情緒左右下的結果。

阿德勒心理學是現象學

重視的是對現象賦予主觀的意義，
而非客觀的事實
（生命風格：P121）

阿德勒認為「事實」
是我塑造出來的。
換言之，只要我調整認知，
A就會從可怕主管變成親切上司。

阿德勒心理學是人際關係論

阿德勒認為，人所面對的問題，
都不是出於個人的內在，
而是人際關係上的問題。
因此，阿德勒心理學頗具
社會心理學的色彩。
（社會興趣：P123 切割課題：P120）

一般會認為問題
（課題）出於
我的內在。

阿德勒認為所有問題
都出在人我之間，
而煩惱的是我。

補償作用

定　義	補償作用是一種想克服自卑感的心智運作。
文　獻	《器官缺陷及其心理補償的研究》（阿德勒）
摘　要	若要補償成績不好，可以選擇用功讀書，或用體育等其他領域來補償。

阿德勒
P020

阿德勒雖然深受**佛洛伊德**（P018）的**精神分析**（P104）影響，卻不認為是**性能量**驅使人的活動。**阿德勒**在**防衛機轉**（P100）的論述當中，也特別重視補償作用——因為他認為，人想「**補償自卑感**」的心智運作，才是驅使人行動的能量來源。而根據**阿德勒**的說法，人想要出類拔萃、**追求優越**（striving for superiority）的念頭，推動了這種心智運作。

臨床心理學

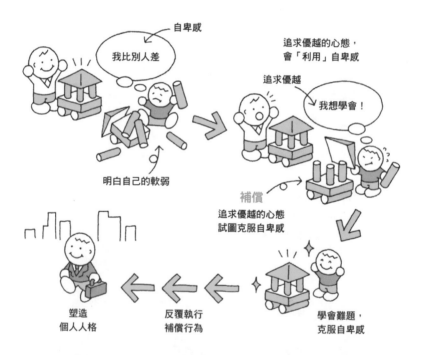

阿德勒認為，人從小就會有**追求優越**的念頭，但周遭都是大人、大孩子，還有特別傑出的小孩，於是全面潰敗。不過，從這當中，人會開始採取行動（**補償行為**），以期能克服自卑感。而這些行為將成為個人的**生命風格**（P121），進而塑造出個人的人格。

自卑情結

定　義	拘泥於自己的自卑感，或誇耀自卑感，並以它作為藉口。
文　獻	《自卑與超越》（阿德勒）
摘　要	就客觀角度看來，身體機能不如旁人者，稱為器官缺陷；主觀上認定自己「比別人差」的心態，就稱為自卑感。

阿德勒
P020

為了替拒絕克服個人人生課題找藉口，便誇耀自己的自卑感，以欺瞞自己或別人——這就是所謂的自卑情結。例如原本就對身高懷有自卑感的人，卻把交不到朋友的原因，都歸咎於身高等等。此外，無法克服自卑感，轉而不斷地追求自己在他人面前的優越感，就是所謂的優越情結。

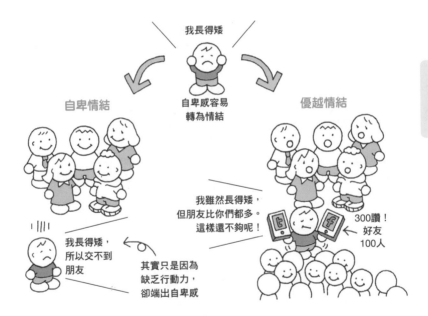

臨床心理學

阿德勒認為，只要稍有不慎，**自卑感**就會變成**自卑情結**（或是**優越情結**）。
然而，自卑感原本應該用來催生人的自信和生存價值。

阿德勒 P020	# 切割課題

定　義　將別人應該克服的課題，和自己應該克服的課題分開看待。

文　獻　《自卑與超越》（阿德勒）

摘　要　阿德勒認為，追求「自尊需求」是在介入別人的課題，剝奪自己的自由。

阿德勒認為，人要活得自由，就要把**別人應該克服的課題**，和**自己應該克服的課題**明確地區分清楚（切割課題）。

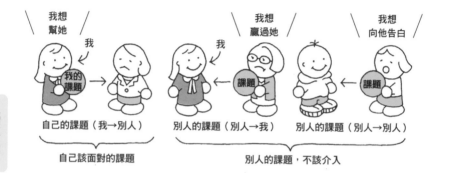

我想幫她　　　　　　　我想贏過她　　　　　　我想向他告白

自己的課題（我→別人）　　別人的課題（別人→我）　　別人的課題（別人→別人）

自己該面對的課題　　　　　別人的課題，不該介入

舉例來說，若被自己並不特別喜歡的人告白，我們就不必接受，就算對方會因此而受傷也一樣——因為克服心傷是對方的課題，不是我們的。

我　我喜歡妳　　　不好意思　　　該克服這個課題的人是我。

若被自己並不特別喜歡的人告白

就該順著自己的心意回應，因為對方的心傷不是你的課題。

我們不能把旁人的評價放在心上，才能活出自己的人生，而不是活在別人的人生裡。為什麼要做出這些評論，那是別人的課題，畢竟別人的感受如何，不是我們可以控制的。

大家覺得我這個人怎麼樣？

不能把別人的課題當作自己的，還為此煩惱

生命風格

定　義	個人可能選擇的思考或行為模式。
文　獻	《個體心理學的技術》（阿德勒）
摘　要	阿德勒認為，人的煩惱都來自於人際關係上的問題。

阿德勒
P020

阿德勒把個人根據自己的價值觀，所選擇的思考或行為模式，稱為生命風格。它是個人在不斷地成功、失敗後，逐步學會「～時，～做比較好」的同時，所形塑出來的。

阿德勒表示，人往往會根據自己的生命風格來行動，例如害怕與人接觸者，就會循著「閃躲別人」的生命風格來採取行動。即使我們覺得在這樣的生命風格之下過得並不好，但長年累積下來的生命風格，終究還是很難改變。不過，只要有社會興趣（P123），就能改變生命風格，走向幸福。

社會興趣

定　義	隸屬於某個共同體，所帶給人的信任感與貢獻感。
文　獻	《自卑與超越》（阿德勒）
摘　要	阿德勒表示，社會興趣是與生俱來，人人都有。不過它是一種潛能，所以需要有意識地培養。

阿德勒
P020

臨床心理學

阿德勒認為，人要活得自由，就要先把別人應該克服的課題，和自己應該克服的課題明確地區分清楚（切割課題，P120）。

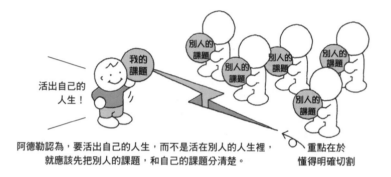

活出自己的
人生！

我的
課題

別人的
課題

別人的
課題

別人的
課題

別人的
課題

別人的
課題

阿德勒認為，要活出自己的人生，而不是活在別人的人生裡，就應該先把別人的課題，和自己的課題分清楚。

重點在於
懂得明確切割

然而，**阿德勒**認為最不幸的狀況，就是把身邊的人都當成敵人。要讓自己活得幸福，就不能忘記自己是周遭這個**共同體的一員**。懂得明確切割自己和別人的課題，並與他人相互合作，以解決各自的課題，才是關鍵。

缺乏社會興趣

其他人都是我的敵人，他們都想陷害我。

有社會興趣

社會興趣

大家都
是夥伴

有社會興趣就
能感到幸福

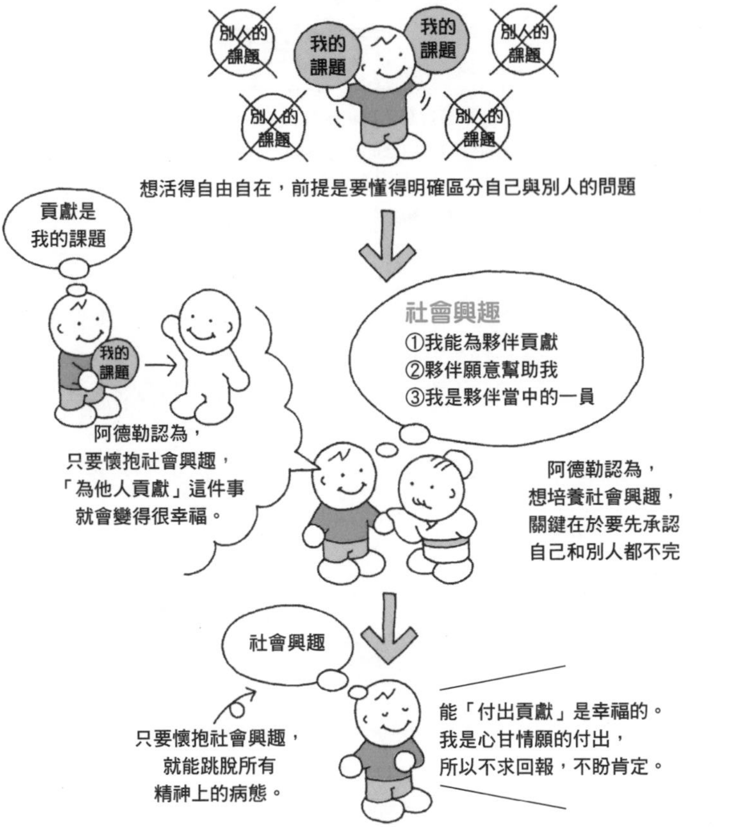
別人的課題
我的課題
我的課題
別人的課題
別人的課題
別人的課題
想活得自由自在，前提是要懂得明確區分自己與別人的問題
貢獻是我的課題
我的課題
社會興趣
①我能為夥伴貢獻
②夥伴願意幫助我
③我是夥伴當中的一員
阿德勒認為，
只要懷抱社會興趣，
「為他人貢獻」這件事
就會變得很幸福。
阿德勒認為，
想培養社會興趣，
關鍵在於要先承認
自己和別人都不完
社會興趣
只要懷抱社會興趣，
就能跳脫所有
精神上的病態。
能「付出貢獻」是幸福的。
我是心甘情願的付出，
所以不求回報，不盼肯定。

對共同體的歸屬感、信任感和貢獻感，加總起來就是所謂的**社會興趣**。只要懷抱著這份興趣，就能感受到為別人付出貢獻是一件幸福的事，甚至不求回報。阿德勒強調，懷抱社會興趣，我們就不會再介意別人的眼光，進而跳脫精神上的病態。他認為這種互助的基礎，在於懂得對彼此表達「感謝」之意——因為一群懷有**社會興趣**的人，彼此都能切身感受到自己對別人的貢獻。

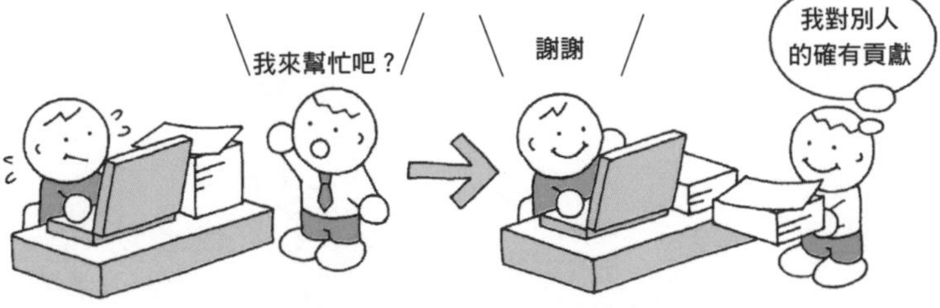
我來幫忙吧？
謝謝
我對別人的確有貢獻

阿德勒認為互助的基礎，在於懂得對彼此表達「感謝」之意。
如此一來，雙方都能切身感受到自己對別人的貢獻。

完形治療

定　義　波爾茲首創，以精神分析和個人中心治療基礎，目標是要讓案主接受自己內心的各種情緒。

文　獻　《完形治療》（波爾茲）

摘　要　完形治療和完形心理學（P082）無關。

波爾茲
P023

波爾茲也和**佛洛伊德**（P018）一樣，認為幼兒時期沒有解決的問題，會無意識地引起心理問題。不過，他認為問題不在過去，而是當事人現在的心裡。畢竟創傷是留現在的心裡，所以此時此地就是可以改變它（當下原則）。

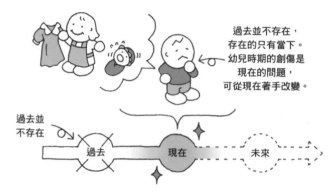

過去並不存在，存在的只有當下。幼兒時期的創傷是現在的問題，可從現在著手改變。

過去並不存在

過去　　　現在　　　未來

波爾茲認為，假設案主心中還留有幼兒時期與母親之間的心結，那麼就在此時此刻重新體驗幼兒時期的光景，發現當年的未竟事宜，例如像是「撒嬌」等，並採取行動，謀求解決，就能彌補心中那個缺口。

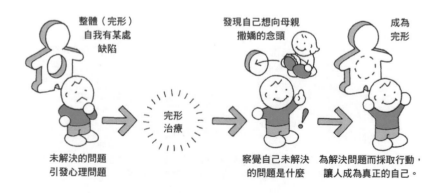

整體（完形）自我有某處缺陷

完形治療

發現自己想向母親撒嬌的念頭

成為完形

未解決的問題引發心理問題

察覺自己未解決的問題是什麼

為解決問題而採取行動，讓人成為真正的自己。

臨床心理學

波爾茲首創的完形治療，是在幫助案主**察覺**自己的**未竟事宜**。所謂的「**完形**」，其實就是「**整體**」的意思，在這裡代表的是「**整體自我**」。在**完形治療**（P114）的過程中，案主的目標，是要察覺自己心裡的那個缺口究竟是什麼，並予以填補，才能成就**完形**。**完形治療**有幾種**角色扮演**的手法，包括扮演夢中出現的人或物，以期讓案主察覺自己真正想法的**重歷夢境法**（the dream work），和與並未實際在場者對話的**空椅法**（empty chair）等。

空椅法的案例

諮商師
那就請開始吧！

患者

空椅法（empty chair）

○×○×○
×○×○×
患者對母親說出心裡想說的話。

假設母親就坐在那裡（有時是假設自己內心的另一個人格坐在那裡）。

原來如此！我一直逞強著不向媽媽撒嬌啊！

察覺問題所在

你可以向別人撒嬌，或更依賴別人一點喔！

以後就互助合作，一起活下去吧！

為求解決而採取行動

重歷夢境法的案例

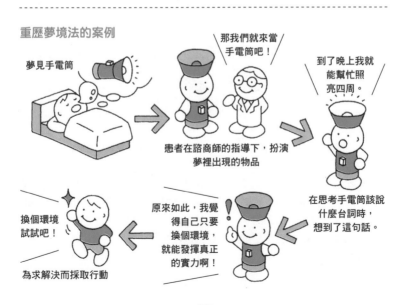

夢見手電筒

那我們就來當手電筒吧！

患者在諮商師的指導下，扮演夢裡出現的物品

到了晚上我就能幫忙照亮四周。

在思考手電筒該說什麼台詞時，想到了這句話。

原來如此，我覺得自己只要換個環境，就能發揮真正的實力啊！

換個環境試試吧！

為求解決而採取行動

自我概念

定　義	個人對自我形象的看法。
文　獻	《諮商與精神治療的臨床新觀念》（羅吉斯）
摘　要	羅吉斯把「個人對不符自我印象的經驗，感到難以接受」的狀態，稱為自我認知扭曲（P128）。

羅吉斯
P025

「我很害羞」、「我是個不拘小節的人」……每個人都對自己懷有諸如此類的**概念（印象）**。而這種個人對自己的概念，就是所謂的自我概念。

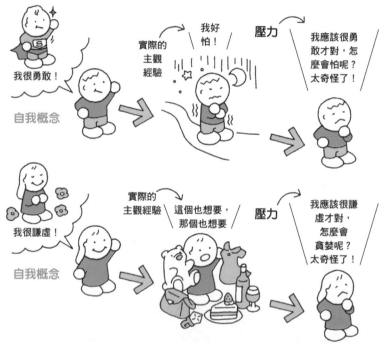

羅吉斯認為，當人的自我概念和實際經驗不一致時，就會形成壓力

羅吉斯認為，會出現精神官能症和心理壓力，都是因為**自我概念**和**實際經驗不一致**。這裡所謂的「**經驗**」，是指「悲傷」、「快樂」等隨時變化的主觀情緒或感受。舉例來說，一個**自我概念**是「我很勇敢」的人，如果走在夜路上覺得「好怕」，那麼他的**自我概念**和經驗之間就會出現落差（心理不適應，P128）。

相反地，當**自我概念**和**經驗**越趨一致時，心理壓力就越小。

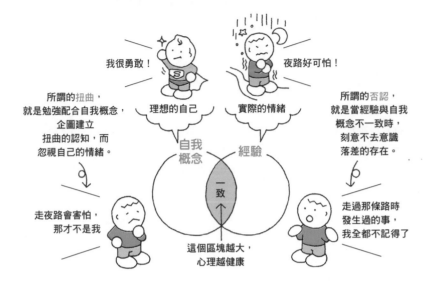

我很勇敢！

夜路好可怕！

所謂的扭曲，就是勉強配合自我概念，企圖建立扭曲的認知，而忽視自己的情緒。

理想的自己

實際的情緒

所謂的否認，就是當經驗與自我概念不一致時，刻意不去意識落差的存在。

自我概念

經驗

一致

走夜路會害怕，那才不是我

走過那條路時發生過的事，我全都不記得了

這個區塊越大，心理越健康

羅吉斯認為，有心理問題的**案主**（P114），**自我概念**被「我非得這樣不可」的成見綁架，以致於無法活得自在有彈性。想活得朝氣蓬勃、精力充沛，關鍵在於要懂得讓**自我概念**充滿彈性，以保持寬闊的空間，坦然接受每個**經驗**的原貌。

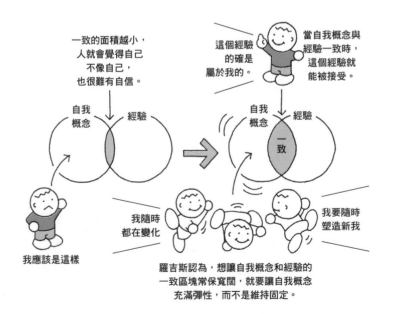

一致的面積越小，人就會覺得自己不像自己，也很難有自信。

這個經驗的確是屬於我的。

當自我概念與經驗一致時，這個經驗就能被接受。

自我概念

經驗

自我概念

經驗

一致

我應該是這樣

我隨時都在變化

我要隨時塑造新我

羅吉斯認為，想讓自我概念和經驗的一致區塊常保寬闊，就要讓自我概念充滿彈性，而不是維持固定。

個人中心治療

定　義	肯定案主的想法之餘，同時尋找問題的解答。是羅吉斯首創的心理治療法。
文　獻	《個人中心治療》（羅吉斯）
摘　要	這個治療在早期被稱為非指導治療法。

羅吉斯
P025

臨床心理學

羅吉斯認為造成心理壓力的原因，在於**自我概念**與實際經驗不一致（自我概念，P126）。這樣的不一致，換言之就是自我認知扭曲的狀態，我們稱之為心理不適應。人一旦陷入**心理不適應狀態**，就會覺得自己不像自己，或對自己失去信心。

然而，人是不斷成長的**有機體**。因此，**羅吉斯**認為人天生就具有**修正自我認知扭曲**，追求自我實現（**發揮個人特質**）的功能（自我實現傾向）。而協助我們發揮這股力量的心理治療，就是個人中心治療。它是以「只有**案主**（P114）自己能治好自己的心理問題」這個觀念為基礎，所發展出來的一套治療手法。

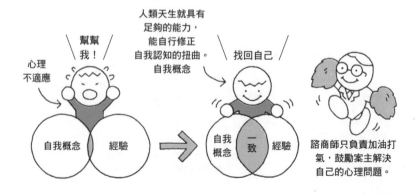

在**個人中心治療**當中，諮商師會全力協助案主自行解決問題，不會對案主下達指示。因此，諮商師要無條件地、正向地接受案主的狀態和言行（無條件的正向關懷），還必須對案主的主觀感同身受，就像是看待自己的事一樣（同理的了解）。

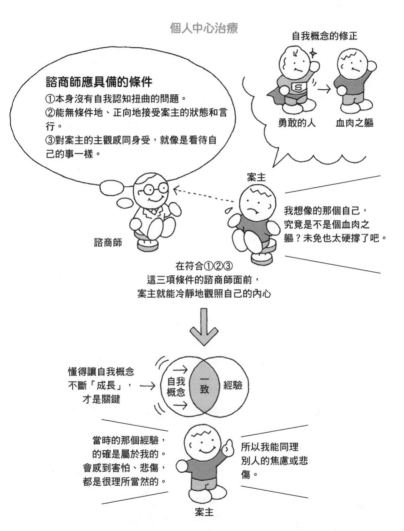

個人中心治療

自我概念的修正

勇敢的人 → 血肉之軀

諮商師應具備的條件
①本身沒有自我認知扭曲的問題。
②能無條件地、正向地接受案主的狀態和言行。
③對案主的主觀感同身受，就像是看待自己的事一樣。

諮商師

案主

我想像的那個自己，究竟是不是個血肉之軀？未免也太硬撐了吧。

在符合①②③這三項條件的諮商師面前，案主就能冷靜地觀照自己的內心

懂得讓自我概念不斷「成長」，才是關鍵 → 自我概念 → 一致 經驗

當時的那個經驗，的確是屬於我的。會感到害怕、悲傷，都是很理所當然的。

所以我能同理別人的焦慮或悲傷。

案主

在上述這樣的諮商師面前，案主就能冷靜地觀照自己的內心。最後案主就能找回有彈性的自我概念，並且願意承認「歡樂」、「悲傷」等經驗（情緒）都是屬於自己的，毫無疑問。

充分發揮功能者

定　義	對理想人類樣貌的想像。
文　獻	《個人中心治療》（羅吉斯）
摘　要	這裡所謂的「功能」，是指人天生就具有「想發揮個人特質」（自我實現）的功能（自我實現傾向，P128）。

羅吉斯
P025

羅吉斯把人應視為目標的理想樣貌，稱為「**充分發揮功能者**」。所謂的**充分發揮功能者**，他們的**自我概念**（P126）並不固定，願意坦然接受經驗的原貌，又能信任他人，並活出自主的自我（「充分發揮」即「正常運作」之意）。

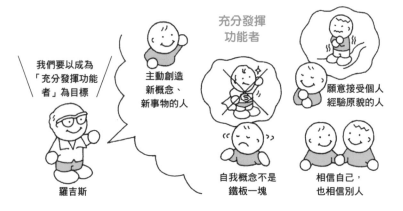

羅吉斯心目中的**充分發揮功能者**，隨時都在準備因應新的狀況，是一個動態的人，而不是已完成的、靜態的人。

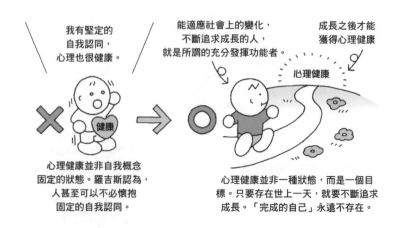

會心團體

定　義	一種團體治療，能對人際關係有更深入的了解。	
文　獻	《會心團體》（羅吉斯）	
摘　要	會心團體是羅吉斯開發的治療手法，後來由勒溫（P023）發揚光大。	

羅吉斯
P025

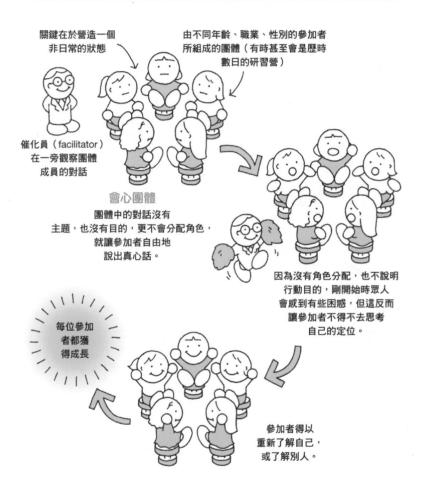

關鍵在於營造一個
非日常的狀態

由不同年齡、職業、性別的參加者
所組成的團體（有時甚至會是歷時
數日的研習營）

催化員（facilitator）
在一旁觀察團體
成員的對話

會心團體
團體中的對話沒有
主題，也沒目的，更不會分配角色，
就讓參加者自由地
說出真心話。

因為沒有角色分配，也不說明
行動目的，剛開始時眾人
會感到有些困惑，但這反而
讓參加者不得不去思考
自己的定位。

每位參加
者都獲
得成長

參加者得以
重新了解自己，
或了解別人。

羅吉斯在晚年時，把**個人中心治療**（P128）的概念，應用在「會心團體」這種**團體治療**上。團體由健康的參加者組成，眾人在毫無主題的情況下，彼此分享自己內心真正的感受。治療的目標，在於讓參加者能更深入地了解自己和別人，進而從中獲得成長。

ABC理論

定　義　「對於一椿觸發事件（A）的看法（B），會帶來令人煩惱的結果（C）」的理論。此外，由於案主和諮商師在討論（D）過後，能帶來一些效果（E），所以後來艾里斯把它稱為「ABCDE」理論。

艾里斯
P029

文　獻　《理性生活指南》（艾里斯）

臨床心理學

艾里斯認為，人的心裡會有煩惱，不是因為發生了什麼事，而是因為當事人對**事件**的**看法**。在他的論述當中，這是對**事件**（activating event）的**想法**（belief），帶來了「**煩惱**」這個結果（consequence），也就是所謂的 ABC 理論。

理性情緒行為治療

艾里斯
P029

定　義　藉由改變想法來消除煩惱的心理治療手法。另外，在這項論述當中，把形成煩惱的原因，也就是不理性的成見，稱為非理性信念；而有助於消除煩惱的理性想法，就稱為理性信念。

摘　要　艾里斯認為就心理治療而言，精神分析是一套無效的方法。

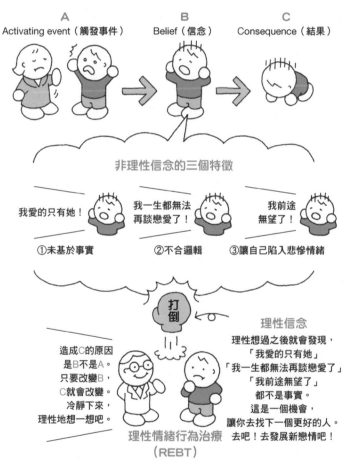

A
Activating event（觸發事件）

B
Belief（信念）

C
Consequence（結果）

非理性信念的三個特徵

我愛的只有她！

我一生都無法再談戀愛了！

我前途無望了！

①未基於事實　　②不合邏輯　　③讓自己陷入悲慘情緒

打倒

理性信念

理性想過之後就會發現，
「我愛的只有她」
「我一生都無法再談戀愛了」
「我前途無望了」
都不是事實。
這是一個機會，
讓你去找下一個更好的人。
去吧！去發展新戀情吧！

造成C的原因
是B不是A。
只要改變B，
C就會改變。
冷靜下來，
理性地想一想吧。

理性情緒行為治療
（REBT）

在 ABC 理論（P132）當中的「想法」（信念）有兩種，分別是非理性信念（irrational belief）和理性信念（rational belief）。艾里斯這種先讓患者了解 ABC 理論，再協助患者將非理性信念轉為理性信念，以消除煩惱的心理治療（P114）手法，就是所謂的理性情緒行為治療（REBT ＝ Rational Emotive Behavior Therapy）。

認知治療

定　義	由諮商師來修正患者對現況的認知，進而改善患者想法或行為的心理治療，主要治療對象為憂鬱症患者。
文　獻	《認知治療與情緒異常》（貝克）
摘　要	貝克與主觀性的精神分析決裂，轉向致力於客觀性的追求。

貝克
P031

貝克 P031

臨床心理學家艾里斯（P029）力倡**理性情緒行為治療**（P133），認為就**心理治療**（P114）而言，**佛洛伊德**（P018）主張的**精神分析**（P104）是一套無效的方法。後來，**精神科醫師貝克**把這一套**理性情緒行為治療**，用於治療症狀比暫時性沮喪更嚴重的疾病——**憂鬱症**。

妳夢裡出現的雨傘，代表的是男性的陽具。妳需求沒獲得滿足。

艾里斯和貝克都認為精神分析不夠科學。

佛洛伊德

精神分析只不過是諮商師獨斷的見解罷了

艾里斯　　貝克

貝克觀注的焦點，在於「憂鬱症患者總習慣看到事情悲觀的那一面」（自動化思考）。透過不斷地**諮商**（P114）來修正這種憂鬱症患者特有的認知扭曲，是一種**心理治療**的手法，我們稱之為認知治療。

我當上了協理，會給大家添麻煩，我受不了了……

我升上協理了！太好了！我要好好加油！

認知治療的中心思想

造成憂鬱症的原因，是我們如何看待自己所處的情況，而不是因為人所處的環境狀況如何。

A先生　　B先生　　　　　　　　貝克

臨床心理學

後來**貝克**又在**認知治療**當中，加入了**行為治療**（P114）的元素，認知行為治療於焉誕生，成為今日治療憂鬱症和恐慌症最有效的**心理治療**手法之一。

認知行動療法

從什麼時候開始的？

我做事提不起勁

案主

諮商師

當上協理之後，我覺得自己已經快被壓力壓垮，撐不下去了。

先接納患者的情緒。

處在這種情況下，會有這種反應很正常，不是你的錯。

好像有道理……

就算事態發展不見得盡如人意，但至少不會是最差的情況吧？

修正患者的錯誤認知。

當你覺得壓力很大的時候，馬上試著想想「就算失敗也沒什麼大不了的」吧！

加入行為治療（P114）的元素

也融入一些能讓心情放鬆的習慣等。

持續諮商，同時逐步修正案主的行為和對事物的看法。

什麼時候會讓你覺得放鬆？

組模型的時候。

那我們就在傍晚保留一段組模型的時間吧！

臨床心理學

135

認知心理學

認知心理學

定　義	所謂的認知，指是主觀地觀察事物後，做出判斷或解釋。
文　獻	《心理學：精神生活的科學》（Psychology: The science of mental life 米勒）
摘　要	行為主義（P072）認為物理刺激對任何人都是一樣的；相對的，認知心理學則主張即使接受到的刺激相同，每個人的看法、想法也不同。

米勒等人
P031

人類的一切行為，都只不過是**反射行為**，是在**刺激（S）**之下出現的**反應（R）**——這是**行為主義**（S-R 理論，P73）的觀點。不過，後來主張**新行為主義**的學者看出了**行為主義**的極限，在 S 和 R 之間，又加入了 O，也就是所謂的**認知**（S-O-R 理論，P077）。

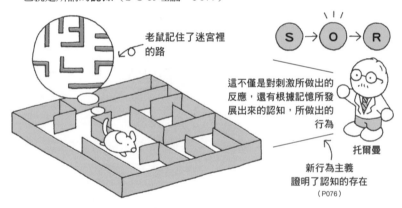

老鼠記住了迷宮裡的路

S → O → R

這不僅是對刺激所做出的反應，還有根據記憶所發展出來的認知，所做出的行為

托爾曼

新行為主義
證明了認知的存在
（P076）

此外，**完形心理學**（P082）派也透過**頓悟學習**的實驗，發現動物會藉由**思考**來進行**認知**（判斷）。

判斷、思考

顯然黑猩猩
在思考

柯勒

完形心理學
也證明了認知的存在
（P089）

黑猩猩是在思考後進行認知（判斷），
進而拿到香蕉，而不是嘗試錯誤
（一再接受刺激並做出反應）的結果。

後來，電腦開發風起雲湧，成為顯學。人們發現，把人類特有的**知覺、記憶和思考**等，與電腦的資訊處理系統放在一起看，一門以解開心理機制運作為目標的學問便應運而生。這樣的心理學，就稱為認知心理學。

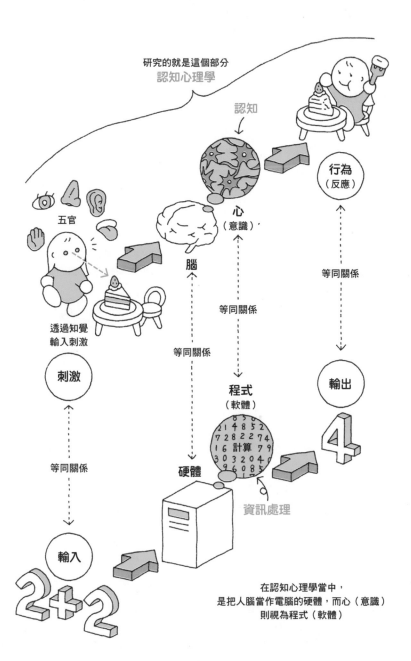

研究的就是這個部分
認知心理學

認知

心
（意識）

行為
（反應）

五官

腦

等同關係

透過知覺
輸入刺激

等同關係

刺激

程式
（軟體）

輸出

等同關係

硬體

資訊處理

輸入

在認知心理學當中，
是把人腦當作電腦的硬體，而心（意識）
則視為程式（軟體）

短期記憶 ｜ 長期記憶

定 義　短期記憶是在幾秒到幾十秒左右就消失的記憶，長期記憶則是可以長時間維持的記憶（數分鐘～數年）。

摘 要　「複誦」是一種反覆、串聯的行為，藉以將短期記憶運送至長期記憶。

米勒
P031

記憶是**認知心理學**主要的研究課題之一。所謂的**記憶**，指的是將經驗儲存下來，之後再予以重現的心理功能。我們從五官接收到的龐大資訊，首先會儲存在感覺記憶裡，但這些資訊大多在一秒之內就會消失。接著，我們會把自己認為重要的資訊傳遞到「短期記憶」儲存區，不過，這些記憶大多也會在數秒到數十秒之內消失。

認知心理學

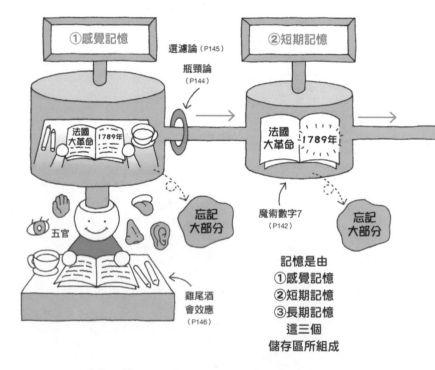

①感覺記憶　②短期記憶

選濾論（P145）

瓶頸論（P144）

法國大革命　1789年

五官

忘記大部分

魔術數字7（P142）

忘記大部分

雞尾酒會效應（P146）

記憶是由
①感覺記憶
②短期記憶
③長期記憶
這三個
儲存區所組成

不過，存在**短期記憶**裡的資訊中，有一些特別有印象的，或是曾複誦（rehearsal）過的，會傳遞到最後的儲存區「長期記憶」去。在這個儲存區當中，可半永久性地存放著大量的資訊。

進入**長期記憶**區的記憶，會長時間保存在此，並視需要隨時取用。**長期記憶**又可分為**程序性記憶**（P147）和**陳述性記憶**（P147）。前者是用身體記住的記憶，例如像是腳踏車該怎麼騎，剪刀該怎麼用等；後者則是可用言語或意象來描述的記憶，例如對事物的知識或個人的回憶等。

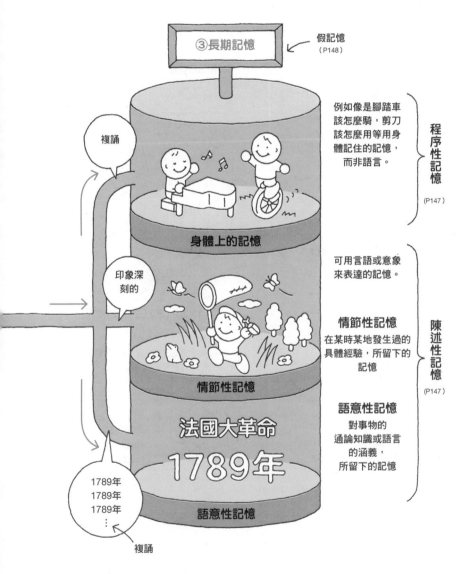

一般認為，記憶的量越多，人生就會越充實精彩。倘若這個說法成立，那麼盡可能在記憶裡留下多一點經驗，效果應該會更好。

魔術數字7

米勒
P031

定　義　人類暫時可記住的資訊量為 7±2 個（意元）。
文　獻　《心理學：精神生活的科學》（米勒）
摘　要　在近年的研究當中，比較有力的論述是「4±1」。

魔術數字7的「7」，
指的是7個意元（P143）。
意元則是人類在
記憶事物時，
所能處理的
「資訊集組」，
是一個心理學上的單位。

我的電話號碼是
1、2、3、3、2、1、9、1、1、4、7
喔！

呃…

11個意元

1、2、3、3、2、1、9、1、1、4、7

一次最多只能記住
7個意元啦！

我記不了
這麼多
數字啦！

3個意元

（123）（3219）（1147）

把數字分成三組，變成三個意元，
就能記得住了！

分三組就能
輕鬆記住

記憶的儲存區可分為三個區塊，分別是**感覺記憶、短期記憶和長期記憶**。
其中**長期記憶**的儲存時間長，容量也大；**短期記憶**的保存期間和容量都有
限（P140）。米勒認為，若以數字來舉例，短期記憶的容量就是 7（±2）
個，並把它稱為魔術數字 7。

142

意元

米勒 P031	定　義　人類在記憶事物時，所能處理的「資訊集組」單位。 文　獻　《心理學：精神生活的科學》（米勒） 摘　要　若把「A」這個英文字母，和「PSYCHOLOGY」這個英 文單字，都當作一個資訊集組的話，那麼它們就都算是一個意元。

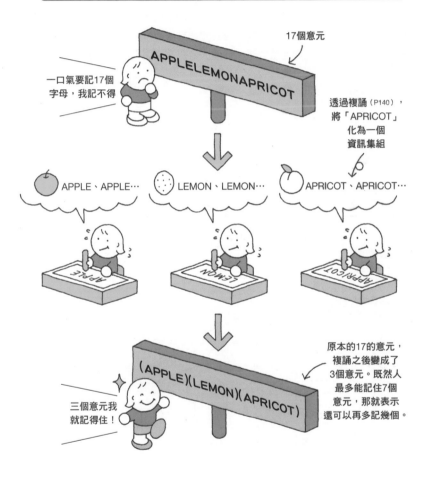

17個意元

一口氣要記17個字母，我記不得

APPLELEMONAPRICOT

透過複誦（P140），將「APRICOT」化為一個資訊集組

APPLE、APPLE…　LEMON、LEMON…　APRICOT、APRICOT…

原本的17的意元，複誦之後變成了3個意元。既然人最多能記住7個意元，那就表示還可以再多記幾個。

三個意元我就記得住！

（APPLE）（LEMON）（APRICOT）

魔術數字7（P142）的「**7**」，指的是**七個意元**（P143）。意元則是人類在記憶事物時，所能處理的「資訊集組」，是一個心理學上的單位。若將A、P、P、L、E當作五個英文字母來看待，那它們就是**五個意元**，若將它們合在一起，當作APPLE這個字來看待，那麼它就是**一個意元**。只要懂得如何巧妙運用**意元**，就能擴增記憶量。

瓶頸模式

定　義	預設人的大腦當中有瓶頸（狹窄通道），用來取捨大量湧入的資訊。
文　獻	《知覺與溝通》（布羅德本特）
摘　要	瓶頸位在感覺記憶（P140）和短期記憶（P140）之間。

布羅德本特
P034

機師在工作時，看來像是既操縱飛機，又聽耳機中傳來的指示，還看儀表板……等於是同時處理多項資訊。然而，曾在空軍服役的**布羅德本特**，卻主張人無法一心二用。他預設人的大腦中有一個瓶頸（狹窄通道），用來取捨大量湧入的資訊（瓶頸模式）。

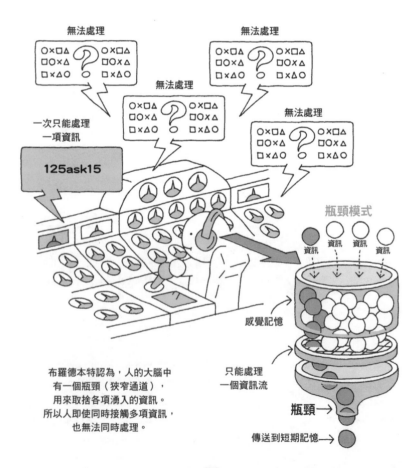

無法處理

一次只能處理一項資訊

125ask15

瓶頸模式

資訊　資訊　資訊　資訊

感覺記憶

只能處理一個資訊流

布羅德本特認為，人的大腦中有一個瓶頸（狹窄通道），用來取捨各項湧入的資訊。所以人即使同時接觸多項資訊，也無法同時處理。

瓶頸→

傳送到短期記憶→

選濾論

定　義	在同時出現的多項資訊當中，人會認知到的，就只有自己集中注意的那項資訊而已。
摘　要	從同時出現的多項資訊當中，選出何者重要，並把注意力集中到那項資訊上——這種心智運作，就是所謂的選擇性注意力。

布羅德本特
P034

從眼睛或耳朵接收到的資訊，在進入大腦後，只有通過腦內**選濾器**者，才會被大腦認知——這就是所謂的選濾論。注意力的投放，將會決定我們要從腦內的多個選濾器中，挑選出哪一個特定的選濾器。只有通過這個特定選濾器的資訊流，才會被送到**瓶頸**（P144）去處理。

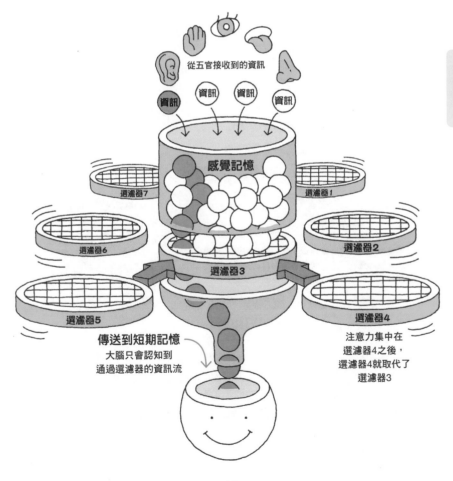

雞尾酒會效應

柴瑞 P029	定　義　即使周圍充滿雜音，人還是能判別那些對自己重要的資訊，並把它們聽進去。 文　獻　《論人類傳播》（柴瑞） 摘　要　因選濾論（P145）成立而發生的現象，是「選擇性注意力」（P145）最具代表性的例子。

認知心理學

在宴會中，因為將頻率對準了某個特定聲音，就聽不到其他的聲音了。但如果聽到對自己來說很重要的字句，注意力的投放標的就會自動切換過去。

在一場充斥各種對話的宴會當中，我們只要把頻率對準某一個聲音，耳朵就可以只聽到那些對話。此外，目前已知我們的注意力，也可以因為在另一段對話當中聽到重要的字句，而自動地（無意識地）切換注意力的投放標的——這就是所謂的雞尾酒會效應。這個事實的背後，有選濾論（P145）的支持。不過，如果出現另一個聲音，音量比原本注意的標的大出許多時，也有可能蓋過原本的那個聲音（遮蔽效應）。

程序性記憶 | 陳述性記憶

定　義	若是以身體記住操作方式（技術）的記憶，就是程序性記憶；若是可以語言和意象表達的記憶，就是陳述性記憶。
文　獻	《情節記憶的元素》（涂爾文）
摘　要	陳述性記憶又可分為情節性記憶和語意性記憶。

涂爾文
P034

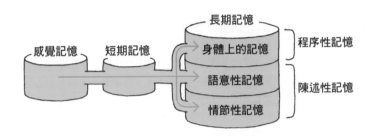

進入**長期記憶**（P140）區的記憶，可長時間保存於此，並視需要隨時取用。在長期記憶當中，那些用身體記住的記憶，例如像是腳踏車該怎麼騎，剪刀該怎麼用等，就是所謂的程序性記憶；而那些可用言語或意象來描述的記憶，例如對事物的知識（語意性記憶）或個人的回憶（情節性記憶）等，就是所謂的陳述性記憶。

認知心理學

程序性記憶

用身體記住的記憶，
例如腳踏車怎麼騎，
剪刀怎麼用等

陳述性記憶

可用言語或意象來描述的記憶

語意性記憶

對事物的通論知識或語言的涵義，所留下來的記憶，例如事實或知識等。

情節性記憶

在某時某地發生過的具體經驗，所留下的記憶，例如個人的回憶等。

技術、
手法等

單輪車怎麼騎

鋼琴怎麼彈

這就是
單輪車

法國大革命
發生於1789年

抓蟲好開心

那天的天空
好藍。

假記憶

定 義	人以為是事實，並留在記憶裡的事件，實際上根本沒有發生過。
文 獻	《辯方證人》（羅芙托斯）
摘 要	假記憶的例子，說明了長期記憶是模糊的。

羅芙托斯
P038

長期記憶（P140）不見得全部都「屬實」。**羅芙托斯**注意到，社會上的冤案當中，很多都是因為目擊者的錯誤記憶所致。實際上根本沒有發生過，而我們卻以為是事實，並留在記憶裡的事件，就是所謂的假記憶（錯誤記憶）。只要利用當事人日後的經驗、情緒感受、思維想法，或甚至是誘導問話等，就能輕而易舉地塑造出**假記憶**。

認知心理學

給受試者
看撞車影片

你覺得這兩輛車是以多
快的速度互相
「猛撞」？

你覺得這兩輛車是以多
快的速度互相
「對撞」？

產生假記憶的
案例②

只是調整一下
提問的方式，受試者的
記憶就會出現變化

問B組受試者的
問句是「猛撞」

問A組受試者的
問句是「對撞」

以時速65公里左右
的速度對撞

以時速50公里左右
的速度對撞

破了

擋風玻
璃破了
嗎？

擋風玻
璃破了
嗎？

沒破

產生假記憶

擋風玻璃其實根本沒破，
但一被問到「擋風玻璃破了嗎？」，
受試者就回答「破了」。

未產生假記憶

被問到「擋風玻璃破了
嗎？」，受試者可正確地
答出「沒破」。

	購物中心迷路實驗
羅芙托斯 P038	定　義　將「曾在購物中心迷路」這個假記憶植入受試者腦中的 　　　　實驗。 文　獻　《壓抑記憶的神話》（羅芙托斯） 摘　要　這個實驗證明了記憶可透過人為方式操作。

羅芙托斯認為，在那些自稱童年遭到父母虐待者的記憶當中，可能包括了一部分的**假記憶**（P148）。

為了證明這一點，**羅芙托斯**刻意將**假記憶**植入受試者腦中，進行了所謂的「購物中心迷路實驗」。這個實驗揭開了人類記憶不可靠的事實，並呈現在世人面前。

購物中心迷路實驗

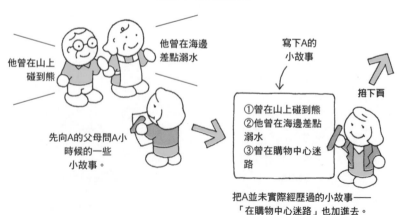

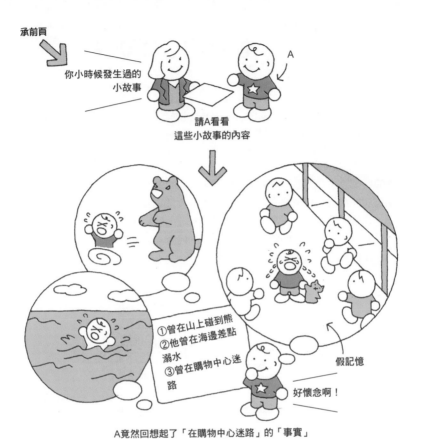

承前頁

你小時候發生過的
小故事

A

請A看看
這些小故事的內容

①曾在山上碰到熊
②他曾在海邊差點
溺水
③曾在購物中心迷
路

假記憶

好懷念啊！

A竟然回想起了「在購物中心迷路」的「事實」

認知心理學

記憶有時會因當事者日後的經驗、情緒感受、思維想法，或甚至是誘導問話等而扭曲。這樣的事實，對刑案等事件的目擊證詞的可信度，打上了一個大問號。

#1
#2
#3
#4
#5

嗯……

犯人是
他！

記憶的七種缺失

定　義	將記憶的錯誤內容分為七種類型的論述。
文　獻	《記憶七罪》（沙克特）
摘　要	和情節性記憶息息相關的「健忘」，是因為記憶隨著時間過去而漸趨模糊，再加上記憶本身不完整所致。

沙克特
P039

沙克特認為，我們並沒有要求自己把經歷過的事情記得正確無誤——如果記憶功能真的那麼精準，人就會承受不了大量的資訊湧入，而陷入錯亂狀態。為確保記憶功能正常，我們的記憶系統會執行高度複雜的運作，包括「該忘就忘」等。在如此複雜的運作下，代價就是我們的記憶，會出現**健忘、空白**等七種缺失，造成我們的麻煩。

認知心理學

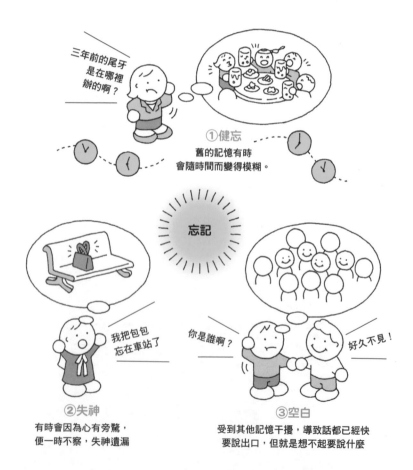

三年前的尾牙是在哪裡辦的啊？

①健忘
舊的記憶有時會隨時間而變得模糊。

忘記

我把包包忘在車站了

②失神
有時會因為心有旁騖，便一時不察，失神遺漏

你是誰啊？　好久不見！

③空白
受到其他記憶干擾，導致話都已經快要說出口，但就是想不起要說什麼

基模

定　義	以經驗為基礎，所塑造出來的信念或價值觀。
文　獻	《記憶：一個實驗的與社會的心理學研究》（巴特利）
摘　要	團體、民族等所共有的價值觀、刻板印象或偏見等，都可稱為基模。基模（schema）原文是「架構（圖式）」的意思。

巴特利
P022

認知心理學

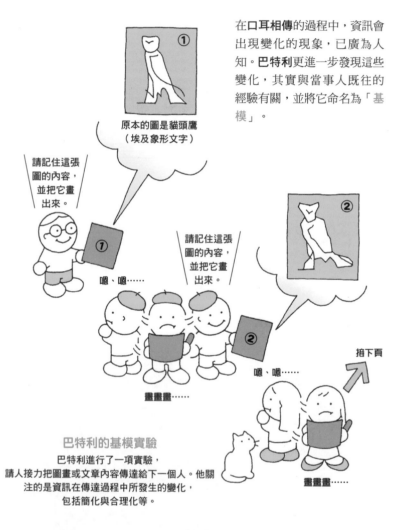

在**口耳相傳**的過程中，資訊會出現變化的現象，已廣為人知。**巴特利**更進一步發現這些變化，其實與當事人既往的經驗有關，並將它命名為「基模」。

原本的圖是貓頭鷹
（埃及象形文字）

請記住這張圖的內容，並把它畫出來。

嗯、嗯……

請記住這張圖的內容，並把它畫出來。

嗯、嗯……

畫畫畫……

接下頁

畫畫畫……

巴特利的基模實驗
巴特利進行了一項實驗，請人接力把圖畫或文章內容傳達給下一個人。他關注的是資訊在傳達過程中所發生的變化，包括簡化與合理化等。

人的記憶與認知，大多會受到**基模**的影響，所以並不正確。

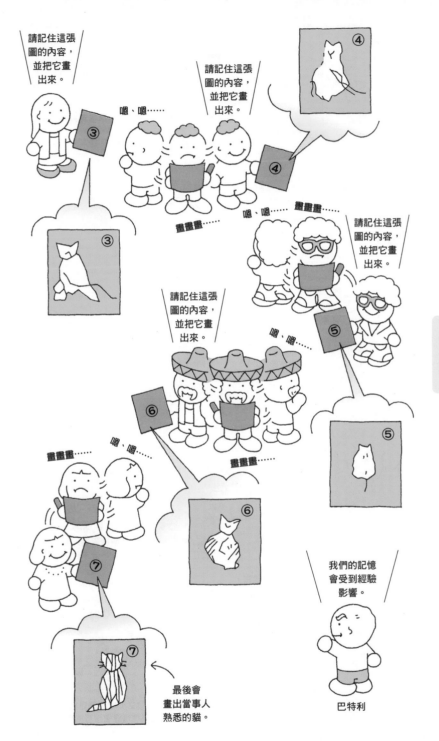

認知偏誤

定　義	人容易犯的思考缺失（偏誤）。
文　獻	《快思慢想》（康納曼）等
摘　要	即使個人認為自己的判斷非常理智，但很多時候其實是在認知偏誤的影響下，做出了偏頗的判斷。

康納曼
P036

有時候，縱然我們自認為做出了很有邏輯的判斷，但事實上卻不是如此——因為那些看似很有邏輯的推論，絕大多數都來自於個人的錯覺。**康納曼**等學者將這種人類常犯的思考缺失，稱為認知偏誤（cognitive bias）。

各種認知偏誤

維持現狀偏誤
認為做出改變後，失去的東西會比得到的更多

協和效應
明知該壯士斷腕，卻又捨不得已投入的成本，只好又硬撐下去

從眾效應
只要多數人說正確，就認為那是對的。

行動者或觀察者效應
觀察別人的行為時，會歸因於當事人的性格；評論自己的行為時，會認為是當下狀況所致。

自利歸因偏誤
認為成功都是因為自己的實力，失敗就怪環境不好。

後見之明偏誤
事情已經發生，才認為自己一開始就料想到事情會有這樣的發展。

認知心理學

先接收到的資訊

平常都賣1000圓

今天只要800圓！

好便宜！

錨定效應

根據先接收到的資訊來做判斷

既然上次是紅，那這次一定是黑。

賭徒謬誤

認為事物的機率會因為已發生過的事件而改變

請保佑我發生好事！

撿到100圓！一定是因為我求神保佑的關係！！

因果推理謬誤

把單純的前後關係當成是因果關係

杯子裡只剩半杯水

杯子裡還有半杯水

框架效應

即使實質內容相同，是否使用正向、肯定的表達，給人的感受大不相同。

グラグラ

沒事！這點搖晃是很常有的事。

グラグラ

グラグラ

正常化偏誤

認為異常狀況屬於正常範圍

我只要計劃好要出門旅行，那天就一定會下雨。

錯覺相關

把毫無因果關係的事，認定是互為因果。

來和我猜拳吧！贏我的話可以拿到200萬，輸我的話沒錢拿。如果不猜拳，就可以無條件拿100萬。

不願嘗試
那麼拿到100萬的機率就是100%。

願意嘗試
不試的話，損失100萬的機率就是100%

沒負債的人

展望理論

可望獲利時選擇避險，可能虧損時就選擇避免損失

負債200萬的人

其他還有像是
自己為目標偏誤（P189）、
自我中心偏誤（P188）、
月暈效應（P192）、
認知失調（P194）、
巴納姆效應（P286）、
確認偏誤（P287）等，
都可算是認知偏誤。

發展心理學

	認知發展論
皮亞傑 P024	定　義　認為兒童的認知能力發展分為四期的一套論述。 文　獻　《智力心理學》（皮亞傑） 摘　要　皮亞傑把「可正確地進行認知（明白對象為何）」這件事，稱為「運思」。

第一期：感覺動作期
（0～2歲左右）
透過看得到、摸得到的東西，來適應外界的時期。

無法感覺到
的東西，
都當作不
存在。

↓

第二期：前運思期
（2～7歲左右）
開始能用語言來思考事物，同時也是兒童萌生自我中心觀（P162）**的時期。**

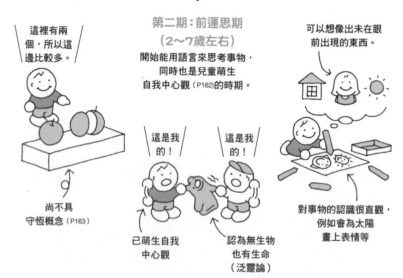

這裡有兩
個，所以這
邊比較多。

可以想像出未在眼
前出現的東西。

尚不具
守恆概念（P163）

這是我
的！

這是我
的！

已萌生自我
中心觀

認為無生物
也有生命
（泛靈論）

對事物的認識很直觀，
例如會為太陽
畫上表情等

皮亞傑認為**兒童思考**（認知）能力的**發展**分為**四期**（認知發展論）。二到六歲左右的孩子具有**自我中心觀**（P162），只會從自己的立場來看事物。

不過，到了七歲左右起，兒童就能站在別人的立場來思考，逐步擺脫**自我中心觀**，並在學會具客觀性、邏輯性和抽象性思考的過程中，邁向成人之路。

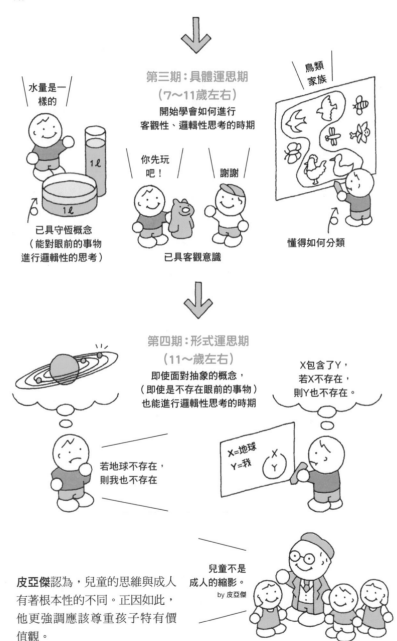

第三期：具體運思期
（7～11歲左右）
開始學會如何進行
客觀性、邏輯性思考的時期

\水量是一
樣的/

\鳥類
家族/

已具守恆概念
（能對眼前的事物
進行邏輯性的思考）

\你先玩
吧！/ \謝謝/

已具客觀意識

懂得如何分類

第四期：形式運思期
（11～歲左右）
即使面對抽象的概念，
（即使是不存在眼前的事物）
也能進行邏輯性思考的時期

若地球不存在，
則我也不存在

X包含了Y，
若X不存在，
則Y也不存在。

X=地球
Y=我

皮亞傑認為，兒童的思維與成人有著根本性的不同。正因如此，他更強調應該尊重孩子特有價值觀。

兒童不是
成人的縮影。
by 皮亞傑

發展心理學

自我中心觀

定　義	以自我為中心來看待或思考事物的傾向。
文　獻	《智力心理學》（皮亞傑）等
摘　要	除了自我中心觀之外，前運思期的兒童還有一項常見的特質，就是會認為無生物也有生命，也就是所謂的泛靈論。

皮亞傑
P024

發展心理學

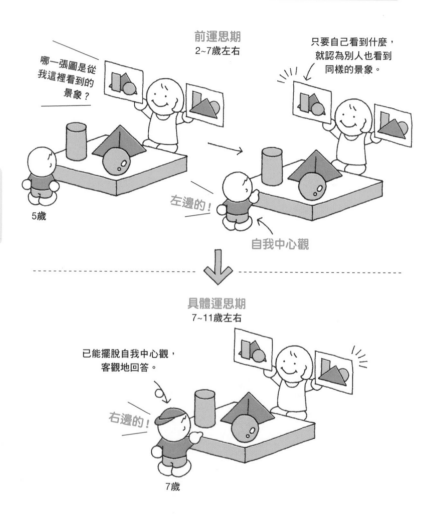

前運思期
2~7歲左右

哪一張圖是從我這裡看到的景象？

5歲

左邊的！

自我中心觀

只要自己看到什麼，就認為別人也看到同樣的景象。

具體運思期
7~11歲左右

已能擺脫自我中心觀，客觀地回答。

右邊的！

7歲

前運思期（P160）的兒童無法明確地區分別人與自己，因此無法站在別人的立場來思考。這個時期的孩子，只會站在自己的立場來看待或思考事物，皮亞傑把這樣的傾向稱為自我中心觀。

守恆概念

定 義	物體即使型態改變，本質仍不變的概念。
文 獻	《發生認識論：人類認知與知識建構的發生學原理》（皮亞傑）等。
摘 要	一般而言，守恆的概念要到七歲左右，也就是兒童能進行邏輯性思考，而不是只看外觀時，才會形成。

皮亞傑
P024

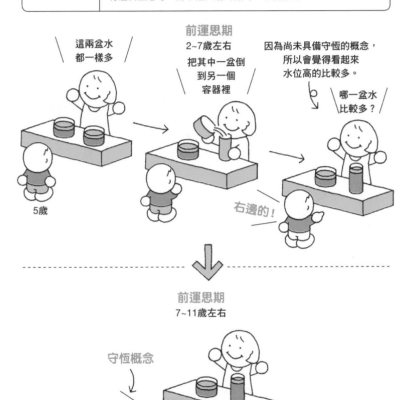

前運思期
2~7歲左右

這兩盆水都一樣多

把其中一盆倒到另一個容器裡

因為尚未具備守恆的概念，所以會覺得看起來水位高的比較多。

哪一盆水比較多？

5歲

右邊的！

前運思期
7~11歲左右

守恆概念

一樣

已具備守恆概念，能回答出有邏輯的答案

7歲

把等量的水倒入不同形狀的容器時，即使水位看來出現變化，但水量其實是不變的。**前運思期**（P160）的兒童不具守恆概念，所以無法理解這個道理。**皮亞傑**認為，這也和**自我中心觀**一樣，都是兒童在**前運思期**常見的特有狀態。

智力因素論

斯皮曼等人
P019

定　義　智力並非一個因素就能成立，而是由多個因素（形成智力所需的能力）構成的論述。

摘　要　智力是一項無法觀察的能力。而在智力研究當中，開啟導入「因素」概念先河者，就是斯皮曼。他運用「統計分析」這種因素分析手法，找出了構成智力的兩個因素。

優秀的人就是各科都優秀，學不來的人就是每科都不好。

斯皮曼

數學 10分　國語 30分　英文 20分

數學 100分　國語 100分　英文 100分

斯皮曼注意到，一科考試成績好的孩子，在其他科目上往往也表現不俗。他還發展出了一套論述，認為人類的智力是由兩個**因素**所構成，包括應付所有科目都需要的普通因素，以及學習個別科目時所需要的特殊因素。這一套論述，就是所謂的智力二因論。

※斯皮曼從數據資料中找出因素，也就是運用統計分析法進行因素分析，因而發展出智力二因論。

斯皮曼的智力二因論

普通因素
（g因素）
取決於遺傳

特殊因素
（s因素）
取決於經驗

智力由兩個因素構成，一是因科目而各有不同的特殊因素（s），另一個是所有科目共通的普通因素（g）。

s　s
g
s　s
s

斯皮曼

斯皮曼這一套論述問世之後，主張「智力由多個**因素**構成」的智力因素論便成為主流。自此之後，原本被視為是屬於精神性的「智力」之謎，開始轉以**結構性**的方式來解析，相關研究也得以蓬勃發展。

發展心理學

後來，**瑟斯頓**（P022）更進一步發展因素分析的手法，否定了**普通因素**的存在。另外，他也提出了智力多因論，主張智力是由**七個**因素所構成。而**基爾福特**（P024）又再將**智力多因論**系統化，提出了智力結構論。還有，**卡泰爾**（P027）則是將智力分成了**流體智力**和**晶體智力**（P167）這兩類。

瑟斯頓的智力多因論

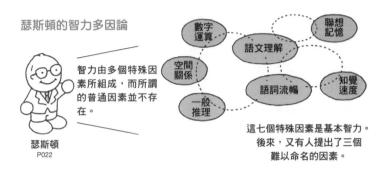

智力由多個特殊因素所組成，而所謂的普通因素並不存在。

瑟斯頓
P022

這七個特殊因素是基本智力。後來，又有人提出了三個難以命名的因素。

基爾福特的智力結構論

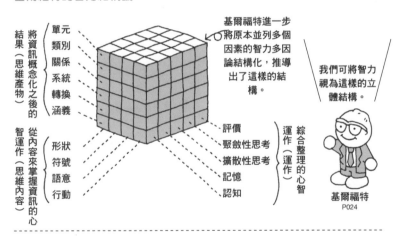

將資訊概念化之後的結果（思維產物）

單元
類別
關係
系統
轉換
涵義

從內容來掌握資訊的心智運作（思維內容）

形狀
符號
語意
行動

基爾福特進一步將原本並列多個因素的智力多因論結構化，推導出了這樣的結構。

評價
聚斂性思考
擴散性思考
記憶
認知

綜合整理的心智運作（運作）

我們可將智力視為這樣的立體結構。

基爾福特
P024

卡泰爾的流體智力和晶體智力

智力可分為流體智力和晶體智力。

卡泰爾
P027

流體智力（P167）

專注力、運算力、背誦力

晶體智力（P167）

理解力、自制力、語言能力

聚斂性思考 │ 擴散性思考

基爾福特
P024

定　義　利用既有資訊進行推論，以得到一個正確答案的思考方式，就是聚斂性思考；利用既有資訊拓展思路，進而催生出新創意的思考方式，就是擴散性思考。

摘　要　《人類智力的本質》（基爾福特）

發展心理學

聚斂性思考
利用既有資訊進行推論，
以得到一個正確答案的思考方式。

問題
B長得比A高，
C長得比B高，
但比D矮。
請將ABCD的身高
由矮到高依序排列出來。

答案是
ABCD！

超簡單

呃……
嗯……

擅於回答這種問題的人，
考試成績比較好

擴散性思考
利用既有資訊拓展思路，
進而催生出新創意的思考方式。

問題
請試述這個玻璃杯
可以用來做什麼？

拿來當畫畫的參考樣本，
打破它發洩壓力，敲碎拿
來做玻璃藝品，養大肚
魚，當樂器……

欸？
喝水呢？

擅於回答這種問題的人，
創造力比較強

基爾福特主張人的思考方式可分兩種，分別是聚斂性思考和擴散性思考。他認為**聚斂性思考**與**智力**（邏輯思考能力、計劃能力、語言能力和學習能力等）有著密不可分的關係；**擴散性思考**則與**創造力**息息相關。

流體智力 ｜ 晶體智力

定　義　前者是能隨機應變處理問題的智力，後者是藉由經驗累積而得來的智力。

文　獻　《智力》（卡泰爾）

摘　要　卡泰爾和斯皮曼、瑟斯頓、基爾福特等人一樣，都運用了因素分析的手法，來研究構成智力的因素。

卡泰爾
P027

流體智力

用來隨機應變，因應新局的智力。
受文化和教育的影響程度很低，
會隨著年齡增長而衰退。

喀啦喀啦

專注力、
資訊處理能力

背誦力

推理能力

我想到
了！

直覺力

反射能力
圖形處理能力

晶體智力

這種智力是各式經驗的結晶。
深受文化和教育的影響，
會隨著年齡增長而不斷提升。

來一杯
吧！

謝謝

溝通能力
社會適應力

法國大革命是
什麼時候？

1789
年！

知識力

今後世界會
這樣轉變

內省力、
自制力

洞察力、批判力、
語言能力

卡泰爾主張人的智力可分為兩種層面，一是流體智力，另一個是晶體智力。前者是用來隨機應變，因應新局的智力，會隨著年齡增長而下降的趨勢；後者則是經驗的結晶，會隨著年齡增長而不斷提升。

生命週期

定　義	從人出生到死亡的過程中，具一定週期性的發展階段。
文　獻	《身分認同與生命週期》（艾瑞克森）
摘　要	艾瑞克森認為人終其一生都在持續發展。

艾瑞克森
P026

早期**佛洛伊德**（P018）從**生理心理學**（研究心理功能和生理功能的關係）的角度出發，探討人類從出生到長大成人為止的**發展**（力比多，P096）。後來，**艾瑞克森**以他的**發展理論**為基礎，加入了人際關係和**社會的觀點**，發展出了心理社會發展理論。

佛洛伊德 ｜ 我是以人的性欲力為主軸，思考人類的發展歷程（P096）

皮亞傑 P024 ｜ 我是以認知為主軸，思考人類的發展歷程。

艾瑞克森 P026 ｜ 我是以人際關係為主軸。

艾瑞克森將人的一生的生命週期分為**八個階段**。他認為，個人如何在各個發展階段克服發展任務（心理社會危機），將決定當事人的人格發展方向。

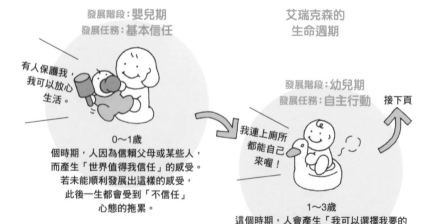

發展階段：嬰兒期
發展任務：基本信任

有人保護我，我可以放心生活。

0～1歲
個時期，人因為信賴父母或某些人，而產生「世界值得我信任」的感受。若未能順利發展出這樣的感受，此後一生都會受到「不信任」心態的拖累。

艾瑞克森的
生命週期

發展階段：幼兒期
發展任務：自主行動

接下頁

我連上廁所都能自己來喔！

1～3歲
這個時期，人會產生「我可以選擇我要的生活」的感受。若未能順利發展出這樣的感受，此後一生都會受到害羞和懷疑情緒的拖累。

發展階段：**學齡前兒童期**
發展任務：**自動自發**

3～6歲
這個時期，人會開始學習在自行思考之
後便採取行動。若未能順利發展，此後
都會受到「罪惡感」的拖累。

發展階段：**學齡兒童期**
發展任務：**勤奮進取**

6～11歲
這個時期，人會產生「只要我努力就能做到」
的感受。若未能順利發展，此後都會
受到「自卑感」的拖累。

發展階段：**青春期**
發展任務：**自我認同**

青春期始於第二性徵
（身體從兒童發育成大
人）的出現。

12～25歲
這個時期（心理的延期償付時期，P172），
人會確立自我認同（P170）。若未能順利發
展，就會產生迷失型認同（P171）。

發展階段：**成年早期**
發展任務：**連帶意識**

26～35歲
這個時期，人會選擇結婚，或在
職場與人建立密切關係。若未
能順利發展，此後都會受到
「孤獨感」的拖累。

發展階段：**成年期**
發展任務：**生育**

36～65歲
這個時期，人會忙於工作和
生兒育女。若未能順利發
展，就會停滯不前。

發展階段：**成熟期**
發展任務：**自我統整**

接受自己人生
的一切之後，
我就看見了
全新的世界。

66歲
這個時期，人會回顧過往的人
生，領悟到人生真正的目標。若
未能順利發展，就會感到絕望。

艾瑞克森主張，這些發展任務即使在各個階段無
法順利完成，人仍能在後續的人生當中完成。

自我認同

艾瑞克森
P026

定　義	具有一定程度的自信，能說出「自己就是～的人」。
文　獻	《身分認同與生命週期》（艾瑞克森）
摘　要	自我認同（identity）有時還會譯為自我同一性、主體性、自我肯定等。

艾瑞克森特別重視人在**青春期**（P169）的自我認同確立。所謂的自我認同，是指人具有一定程度的自信，能說出「自己就是～的人」。他認為，在自我認同確立之後，**青春期**即告結束，人開始產生「願意承擔社會義務與責任」的連帶意識，進而邁入**成年早期**（P169）。

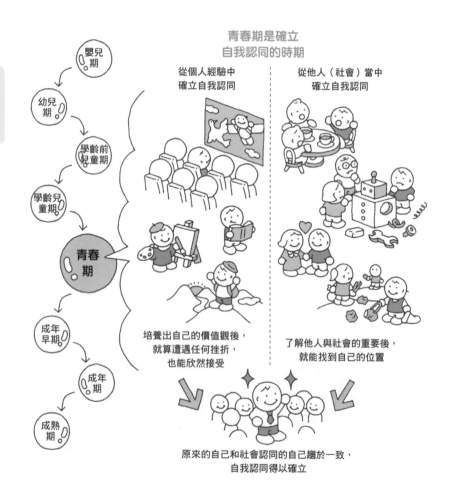

青春期是確立
自我認同的時期

從個人經驗中
確立自我認同

從他人（社會）當中
確立自我認同

培養出自己的價值觀後，
就算遭遇任何挫折，
也能欣然接受

了解他人與社會的重要後，
就能找到自己的位置

原來的自己和社會認同的自己趨於一致，
自我認同得以確立

発展心理學

自我認同的確立過程不順利，將造成自我混亂，以致於出現迷失型認同。
如此一來，人就會迷失自我，失去希望，或陷入自我意識過剩的狀態。不
過，艾瑞克森強調，自我認同的確立，不見得一定在青春期，在日後任何
生命週期階段都可進行。

迷失型認同
自我認同的確立過程不順利，
將出現迷失型認同。

大家
都在看我

孤立

過度依賴

自我意識過剩
過於在意他人眼光，
搞不清楚自己
真正想做的事

人際距離混淆
拿捏不妥
與他人的距離

只要
及時行樂
就好

負向的自我認定
接受社會上否定的
價值觀或團體

混淆的時間觀
無法想像
自己的未來

zzz…

別擔心！即使在青春期
無法確立自我認同，
在日後任何生命週期階段
都還可以進行。

勤奮混淆
不願工作
或讀書

艾瑞克森

心理的延期償付時期

艾瑞克森
P026

定　義	得以暫緩承擔社會義務、責任的狀態。
文　獻	《身分認同與生命週期》（艾瑞克森）
摘　要	「延期償付」來自經濟學用語，意指「遇有天災等情況時，債務可以暫緩償付的時期」。

要成為一個獨當一面的社會人士，需要花一段時間培養知識與能力。因此，在**青春期**（P169）階段，人可以暫緩承擔社會義務與責任。**艾瑞克森**將**青春期**的這種狀態，稱為**心理的延期償付時期**（moratorium）。

成年早期以後

結婚

青春期
（心理的延期償付時期）

工作

NOT OPEN YET

戀愛

現在是往那裡去的準備期！

旅程

義工活動

用功
讀書

在文明社會當中，心理的延期償付時期往往呈現偏長的趨勢。

近代

你要睡到幾點啊！

早期只要具備足夠能力幫大人的忙，青少年馬上就成為大人的一員。

到了近代，教育機構等漸趨完善，「人到一定年齡前應受到保護」的觀念便應運而生。

進入現代，心理的延期償付時期可以拉得很長，青少年可以慢慢確立自我認同。

發展心理學

次級驅力理論

定　義　由於母親會滿足孩子的生理需求（基本驅力），所以孩子會萌生對母親討愛的需求（次級驅力）。

摘　要　這個論述建立在行為主義（P072）操作制約（P074）理論的基礎上。

希爾斯
P028

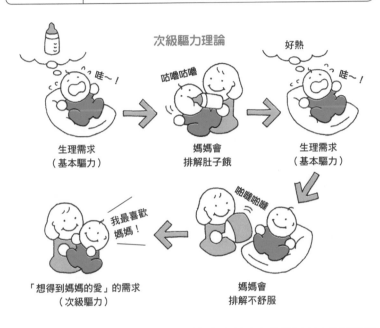

次級驅力理論

哇～！

生理需求
（基本驅力）

咕嚕咕嚕

媽媽會
排解肚子餓

好熱

哇～！

生理需求
（基本驅力）

啪嚕啪噠

媽媽會
排解不舒服

我最喜歡
媽媽！

「想得到媽媽的愛」的需求
（次級驅力）

為什麼孩子會想得到母親（或代行母親角色的人）的關愛呢？**希爾斯**認為，母親（或代行母親角色的人）會幫嬰兒排解肚子餓、太熱太冷等**需求**，於是孩子開始想得到母親的愛。因為生理需求（基本驅力）獲得滿足，嬰兒便轉而以**次級驅力**的形態，對母親萌生**愛的需求**——這一套論述就是所謂的次級驅力理論。不過，後來隨著**發展心理學**的演進，**勞倫茲和哈洛**都提出了反駁這個論述的主張。

嬰兒以次級驅力的
形態，對母親萌生
愛的需求

VS

這個說法
不對

希爾斯
次級驅力理論

勞倫茲
銘印P174

哈洛
代理母親實驗P175

鮑比
依戀P176

銘印

定 義	特定時期的刺激，會留下半永久性的影響，不會消失。
摘 要	主張透過反覆操作刺激與反應來學習的「操作制約」（P074）理論，無法解釋在發生瞬間就成立的銘印現象。※操作制約是次級驅力理論的基礎。

勞倫茲
P026

動物學家**勞倫茲**發現，初生的雛鴨、雛鵝，會把在破殼出生之後第一眼看到的動態物體，當成是自己的父母。這種在特定時期的刺激，毋需經過反覆的學習，就會留下半永久性的影響，不會消失。這就是所謂的銘印。

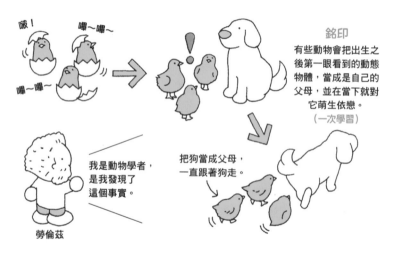

銘印

有些動物會把出生之後第一眼看到的動態物體，當成是自己的父母，並在當下就對它萌生依戀。
（一次學習）

嗶～嗶～

啵！

把狗當成父母，一直跟著狗走。

我是動物學者，是我發現了這個事實。

勞倫茲

若把**銘印**現象套在人類身上，就是要在**特定時期**（關鍵期）之前，讓「父母」銘印到人腦中，當事人就會立刻對這個「父母」萌生**依戀**（P176）。這個想法，推翻了**次級驅力理論**（P173），也就是「人會因為母親滿足了自己的需求，而以次級驅力的型態，對母親產生依戀」的論述。

她會給我奶喝，所以我喜歡她。

次級驅力理論
P173

我喜歡她！

依戀對象本能地銘印到人腦中。

銘印理論

發展心理學

| 哈洛 P027 | **代理母親實驗** |

定　義　哈洛用幼猴進行的實驗，以證明肌膚之親與依戀行為之間的關係。

摘　要　這個實驗，證明了嬰兒是否對母親（或代行母親角色的人）產生依戀，受彼此「肌膚之親」的肢體接觸經驗影響甚深。

代理母親實驗

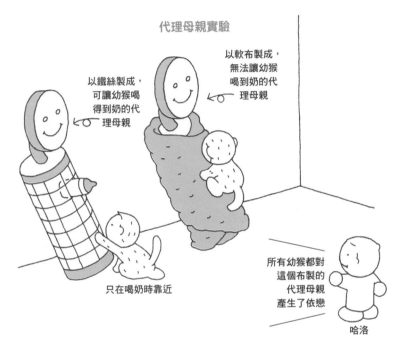

以鐵絲製成，可讓幼猴喝得到奶的代理母親

以軟布製成，無法讓幼猴喝到奶的代理母親

只在喝奶時靠近

所有幼猴都對這個布製的代理母親產生了依戀

哈洛

母親（或代行母親角色的人）能滿足嬰兒「想喝奶」的生理需求，所以孩子會對母親產生依戀——**哈洛**對於這種**次級驅力**（P173）的論述，也抱持懷疑的態度。因為他從幼猴的代理母親實驗當中，發現**體溫、膚觸**才是幼猴對母親萌生依戀的關鍵。

她會給我奶喝，所以我喜歡她。

次級驅力理論
P173

她有體溫和膚觸，所以我喜歡她！

接觸舒適感理論

關鍵在於肌膚之親。

發展心理學

	# 依戀
鮑比 P027	定 義　嬰兒從出生到一歲左右為止，會與特定人建立一種充滿感情的信任。 摘 要　鮑比反駁了次級驅力的論述。他認為光是滿足生理需求，不會讓嬰兒產生依戀。

孩童在一歲左右前，對於讓自己感到安穩的**照顧者**（如母親等），會開始表達深厚的感情。**鮑比**把這種與特定人物之間的情感聯結，稱為 依戀（attachment）。有了能**依戀**的對象，孩子才能開始放心地探索世界。

發展・心理學

光是給奶喝，無法建立依戀

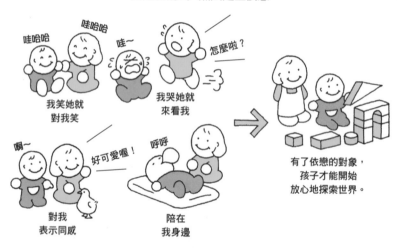

我笑她就對我笑

我哭她就來看我

對我表示同感

陪在我身邊

有了依戀的對象，孩子才能開始放心地探索世界。

鮑比認為，光是給奶喝，不會讓孩子產生**依戀**。孩子哭了願意來看顧，或孩子笑了就對孩子笑……孩子對於有這些**互動**的人，才會產生**依戀**。

她會給我奶喝，所以我喜歡她。

次級驅力理論
P173

她願意陪我一起笑，所以我喜歡她！

接觸舒適感理論

關鍵在於互動。

母愛剝奪

定　義	孩童被迫與依戀對象分離的狀態。
文　獻	《依戀理論三部曲》（鮑比）
摘　要	即使不是嬰兒真正的母親，只要有代行母親角色的照顧者，就心理學而言是沒有問題的。

鮑比
P027

鮑比注意到，戰爭遺孤會出現心智發展遲緩的現象。他認為，原因在於這些孤兒在幼時與**照顧者**（例如母親等）的分離經驗。而這種缺乏**依戀**（P176）的狀態，**鮑比**稱之為**母愛剝奪**。他也強調，幼時有無**依戀**對象，對孩童後續的人生發展影響甚鉅。

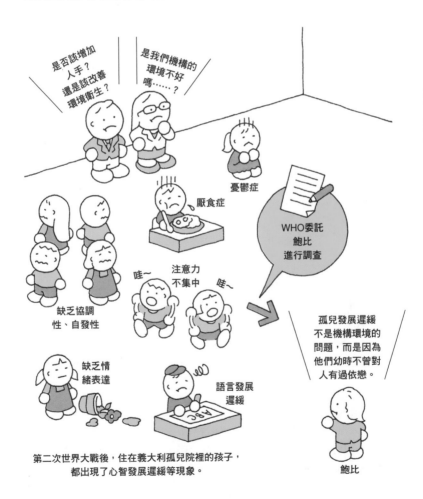

第二次世界大戰後，住在義大利孤兒院裡的孩子，
都出現了心智發展遲緩等現象。

內在動機

德西 P037	定　義　從事某項行為的目的，來自於行為本身的吸引力。 文　獻　《內在動機：實驗社會心理學的觀點》（德西） 摘　要　當行為之後的結果，是會獲得旁人給的獎勵時，那麼即 使原本是出於內在動機的行為，在取消獎勵之後，當事人做事就 會提不起勁。這樣的心理現象，就是所謂的侵蝕效應。

行為主義（P072）學派的心理學家**史金納**（P026）認為，人的**行為（自
發性行為）**是受到獎勵等**外在因素**的誘發，而非性格等**內在因素**使然（操
作制約）。

史金納的外在動機
史金納認為，自發性行為和條件反射一樣，
都是外在因素誘發的。

打掃　　　　　　　得到獎勵（外在因素）　　　　　增加打掃次數

德西的內在動機
德西認為，只要「行為」本身能成為目的，
即使沒有外在因素，人也會願意做出自發性行為。

打掃　　　　　　只要「行為」本身能成為目的，　　　　增加打掃次數
　　　　　　　　即使沒有外在因素⋯⋯

後來，**德西**主張人會做出自發性行為，即使沒有獎勵也無妨——因為這是
運用人本來就有的**求知欲**，讓人對「行為」本身萌生興趣的狀態。以「行
為」本身為目的的一連串心智運作，就是所謂的**內在動機**，是一種相對於
外在動機的說法。

起於內在動機的行為會持之以恆

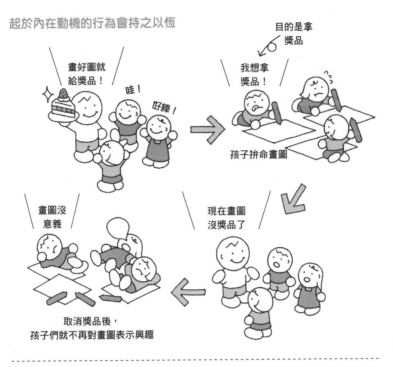

目的是拿獎品

畫好圖就給獎品！

哇！

好棒！

我想拿獎品！

孩子拚命畫圖

畫圖沒意義

現在畫圖沒獎品了

取消獎品後，
孩子們就不再對畫圖表示興趣

畫圖好開心喔！

如果畫圖本身就是目的……

持之以恆地畫

德西主張，在「當事人對行為本身有興趣」時，做起事來的幹勁，會比「為了追求獎勵」時更旺盛。例如以「畫圖就給獎品」為前提，請孩子畫圖時，孩子就會畫出很多作品；但取消獎品之後，有時孩子就會對畫圖完全失去興趣。

為了買車，我要加油！

耶！

如果工作只是為了拿到獎勵，而不是因為求知欲，那麼到頭來我們對工作本身的興趣終將耗盡。

之後

觀察學習

定　義	透過觀察他人的行為來學習。
文　獻	《心理示範：理論上的衝突》（班杜拉）
摘　要	「觀察學習」這樣的學習方式，亦可稱為社會學習，是行為主義（P72）學派否定的概念之一。

班杜拉
P033

你好　你好　！　你好

人類的許多社會規範，都是透過模仿學習而來，而非專人直接教導。

在我們的日常生活當中，很多習慣都是透過觀察別人而（無意識地）學來的（波波玩偶實驗，P181），**班杜拉**稱它為觀察學習（模仿）。在**觀察學習**的過程中，示範者（觀察對象）所受到的賞罰，會形成**自己**（觀察者）內在的**增強**（P075）。由於是示範者代替觀察者接受懲罰或鼓勵的**增強**，所以這樣的情況就稱為替代增強。

人類是社會的動物，
即使自己不是直接受獎懲的
對象，也能從旁人受到的
獎懲中學習。

只要有人受到獎懲，即使**獎懲**（增強）對象不是我們自己，我們也會懂得學習那些人的行為。然而這樣的事實，卻無法用**行為主義**（P072）學派所主張的**操作制約**（P074）來解釋。

發展心理學

波波玩偶實驗

班杜拉
P033

定　義　班杜拉為了研究幼兒的攻擊行為,所進行的一項實驗。
摘　要　這項實驗的結果,透露了電視或電玩遊戲當中的暴力呈
現手法,的確可能對兒童造成負面影響。但暴力影片與攻擊性之
間究竟有沒有因果關係,在實驗當中並未提出明確的結論。

在這項實驗當中,**班杜拉**讓孩子看到大人對一種名叫「波波玩偶」的充氣
娃娃,做出毆打、踢踢等攻擊行為。於是目睹了這些行為的孩子,開始和
大人一樣,動手攻擊玩偶。另一方面,當大人沒對玩偶做出攻擊行為時,
跟在這些大人身邊的孩子也不會對玩偶施暴。由此可知,孩子的確會透過
模仿大人的行為來學習(觀察學習)。

波波玩偶實驗

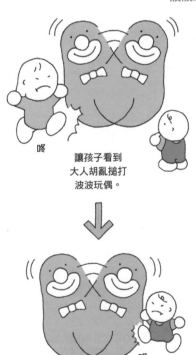

讓孩子看到
大人胡亂揍打
波波玩偶。

接著再單獨留下孩子,
發現孩子也開始
胡亂揍打波波玩偶。

讓孩子看到大人沒對
波波玩偶做出任何驚人
之舉,或是看到大人溫柔地對待它。

接著再單獨留下孩子,
發現孩子並沒有
對波波玩偶施暴。

衍生語法理論

定　義　認為「人類天生就具有語言習得能力」的概念。

摘　要　杭士基主張大腦裡有語言習得機制的根據，在於幼兒懂得如何妥善運用沒人教過的語法。他還認為各種語言雖在表面上雖不盡相同，但都有共通的普遍語法。

杭士基
P035

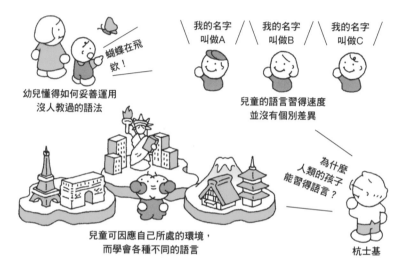

為什麼人類的孩子和其他生物不同，能在沒人教導的情況下，在短時間內就習得符合**語法**規則的語言呢？

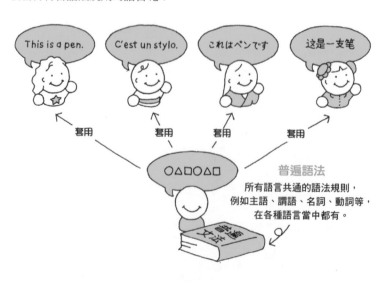

發展心理學

杭士基認為，世界上所有語言都有共通的基本語法，也就是所謂的普遍語法。他也指出，人類天生就具備了解這種語法的功能，並把這種功能命名為語言習得機制（language acquisition device，LAD）。

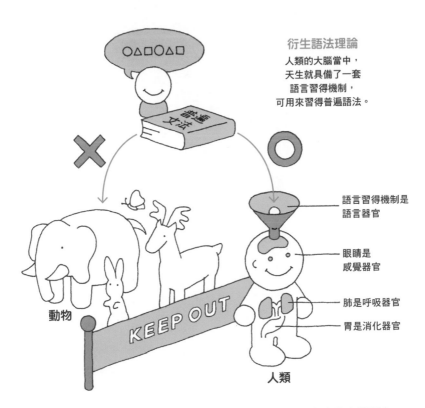

衍生語法理論

人類的大腦當中，
天生就具備了一套
語言習得機制，
可用來習得普遍語法。

語言習得機制是
語言器官

眼睛是
感覺器官

肺是呼吸器官

胃是消化器官

動物

KEEP OUT

人類

杭士基認為，**語言習得機制**和肺、胃相同，都是屬於生物學上的身體器官。他還主張語言習得機制也像其他身體器官一樣，會持續發展。而這樣的概念，就是所謂的衍生語法理論。

語言器官（語言習得機制）也會發展，就和其他身體器官一樣。

人際關係心理學

私密自我意識
公眾自我意識

伯斯 P033	定　義　他人觀察不到的個人內在意識，就是私密自我意識；他 人觀察得到的個人外在意識，就是公眾自我意識。

個人的情緒、需求和期望等，唯有自己能感受到的意識，就是所謂私密自我意識；而對「他人如何看待自己」這種「別人眼中的自己」的意識，就是所謂的公眾自我意識。**伯斯**認為，現代人的公眾自我意識有過高的趨勢。

自我意識
對自己的意識

私密自我意識	公眾自我意識
對個人所思所想 （情緒感受、思維等）的意識	對別人眼中的自己 （外型、舉止等）的意識

我比較適合獨立作業，不適合開會

我這樣的服裝儀容還OK吧？

辭掉工作，踏上找尋自我的旅程

私密自我意識強烈的人，對人際關係興趣缺缺

大家覺得我這個人　怎麼樣啊？

公眾自我意識強烈的人，對人際關係很敏感

人際關係心理學

內在歸因 ｜ 外在歸因

定　義　人會想找出事件發生原因的心態。

文　獻　《人際關係心理學》（班杜拉）

摘　要　選擇內在歸因或外在歸因，後續在情緒和人際行為上的表現，會大相逕庭。

海德
P024

當事件發生時，我們往往會想探究箇中**原因**——這樣的心態，就是所謂的歸因論。人為了想在某些一致性的前提下看待這個世界，會進行「**歸因**」。海德將歸因分類為兩種，一種是將事件發生的原因歸於自己的能力或性格等內在因素，稱為內在歸因；另一種則是原因歸於周邊的狀況和運氣等外在因素，也就是所謂的外在歸因。

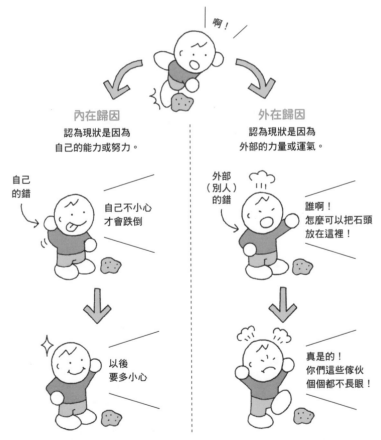

選擇內在歸因或外在歸因，後續在情緒和人際行為上的表現，會大相逕庭。

自我中心偏誤

定　義	將過去發生過的事實內容，用對自己有利的角度來改編、解讀，或是肯定自己的表現，認為自己的貢獻比別人更多。
文　獻	〈可得性與歸因性中的自我中心偏誤〉（羅斯等人）
摘　要	自尊心越強的人，越容易出現這種偏誤。

羅斯
P038

羅斯針對「先生與太太認為自己承擔了多少家事」進行了一項調查，發現先生和太太往往都會認為自己做得比較多。人往往對自己的行為，比對別人做過的事記憶深刻，或覺得自己的貢獻總是比別人多——這樣的現象，就是所謂的自我中心偏誤（偏誤：bias）。

在羅斯的調查當中，先生和太太往往
都認為自己做的家事比較多。

根據這項調查結果顯示，人的心裡其實並不認為自己「都是承蒙大家幫忙」。

自己為目標偏誤

定　義　覺得自己備受旁人矚目。

文　獻　〈自我意識與自己為目標的過敏反應〉（菲寧斯坦）

摘　要　認為自己備受旁人矚目，但實際上並非如此。這樣的現象，我們稱之為過度感知，也就是一般俗稱的自我意識過剩。

菲寧斯坦
P039

菲寧斯坦在一項研究中發現，如果老師在發回改完的考卷時，說「只有一位同學成績不好」，那麼在五十位同學當中，會有十人以上認為成績不好的就是自己。這種認為自己比別人受到更多責難或關注的心態，就是所謂的自己為目標偏誤（偏誤：bias）。

接下來要發回考卷，只有一位同學成績不好。

有20%的學生認為成績不好的是自己。
（實際上只有2%）

20%

一定是我

一定是我

每個人都覺得自己的存在與眾不同，但旁人其實根本沒把我們放在心上。

上次我出了一個大紕漏，大家一定都在笑我……

咦？你是哪位啊？

人際關係心理學

自我監控

斯奈德 P039	

定　義　在經營人際關係的同時，一邊監控自己和對方的狀況。
文　獻　《公眾表現與私下的真實面貌：自我監控的心理學》（斯奈德）
摘　要　高自我監控者重視別人如何看待自己；低自我監控者重視自己的信念。

我們在經營人際關係時，總會一邊**監控**（monitoring）自己的狀態。斯奈德將這種行為稱作自我監控。舉例來說，擅於迎合旁人的高自我監控者，在找工作會選令人稱羨的企業；而不迎合旁人的低自我監控者，則會看重企業的經營理念和事業內容等項目。

高自我監控者

很在意自己的行為
會對別人帶來什麼影響，
是社會性很強的人。

低自我監控者

不太在意自己的行為
會對別人帶來什麼影響，
是很有個性的人。

高自我監控者重視
他人或事物的社會性

低自我監控者重視
他人或事物的內在、內容

高自我監控者重視
他人的感受

低自我監控者重視
自己的感受

人際關係心理學

自我設限

定　義　為維護自尊心，而為失敗預先找好藉口。

摘　要　事先把藉口告訴旁人，就是所謂的「宣稱性自我設限」；
而事先為自己找好的藉口，則稱為「取得性自我設限」。

瓊斯
P034

人都討厭**自尊心**受傷，因此，只要事先找好失敗的藉口，就能避免**自尊心**
受創——這就是所謂的自我設限。人只要活著，在任何情況下，都會隨時
啟動**自我設限**這一套防衛機轉。

人際關係心理學

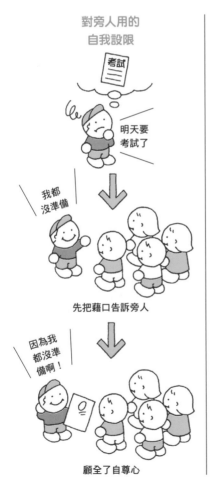

對旁人用的
自我設限

考試

明天要
考試了

我都
沒準備

先把藉口告訴旁人

因為我
都沒準
備啊！

顧全了自尊心

對自己用的
自我設限

考試

明天要
考試了

別讀書，
來打電動
吧！

嗶、嗶

先為自己找好藉口

因為我打太
多電動了！

顧全了自尊心

月暈效應

定　義	一個鮮明的特色，就會決定旁人對當事人的整體印象。
文　獻	〈心理評量中出現的經常性錯誤〉（桑代克）
摘　要	月暈效應（halo effect）當中的「halo」，是光暈的意思。

桑代克
P020

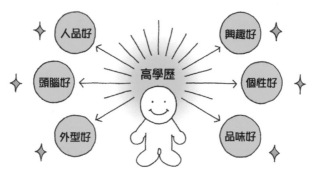

人只要具備一個鮮明的特色，
整體給人的印象就會變好

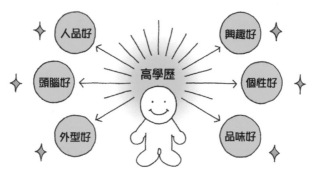

人品好　興趣好　頭腦好　高學歷　個性好　外型好　品味好

當一個人身上具備了「一流企業的員工」這個特色，有些人就會覺得他的性格好、興趣佳，整個人的分數都很高。像這種因為一個鮮明特色，而決定當事人整體印象的現象，**桑代克**稱之為月暈效應。一般認為，容易被**月暈效應蒙蔽的人，先入為主的觀念和成見**（刻板印象）較深。

髒兮兮的
怪人！

A先生

那一頭亂髮就是
天才的象徵！

深受先入為主的觀念
和成見影響的一群人。

A先生可是
一位知名
作家喔！

只因為有了「知名作家」
這個特色，對他的印象就
完全改觀。

相似定律

定 義	相似的人彼此之間會互有好感。
文 獻	《社會心理學》（紐科姆）
摘 要	俗語說「物以類聚」，不管是興趣或關注的體育活動相同都無妨，只要是同好，彼此就容易互有好感，進而發展成朋友或情侶。

紐科姆
P026

紐科姆以住進大學宿舍裡的同學為對象，進行了一項實驗，結果發現有相同興趣，或言行舉止相近者，就會發展成好朋友。這樣的趨勢，就是所謂的相似定律。

剛進大學時，
會先和隔壁座位的人或
同班同學變得比較熟……

但最終興趣相同的人
會各自形成小團體。

而所謂的鏡映，就是將**相似定律**應用在日常溝通上的言行操作。若能像一面鏡子般模仿特定人物的言行，刻意增加自己與對方之間的**相似性**，就有可能提升對方的好感。

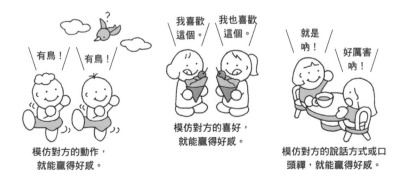

有鳥！　有鳥！

模仿對方的動作，
就能贏得好感。

我喜歡
這個。　我也喜歡
這個。

模仿對方的喜好，
就能贏得好感。

就是
吶！　好厲害
吶！

模仿對方的說話方式或口
頭禪，就能贏得好感。

認知失調理論

費斯廷格 P031	定 義　自己的想法與行為之間出現矛盾（失調）時，所感受到的不愉快。 文 獻　《認知失調論》（費斯廷格） 摘 要　費斯廷格進行了一項「單調作業與酬勞」的實驗，檢視人在發生認知失調時，會如何因應（認知失調理論）。

好無聊……　　發薪囉！　　那個工作真無聊！

單調作業　　薪水如果夠多，就不會出現認知失調。　　認知沒有修正

好無聊……　　發薪囉！　　算了，做得開心就好。

單調作業　　薪水如果太少，就會出現認知失調。　　認知修正

當我們自己的想法與行為之間出現**矛盾**（失調），例如大考落榜時，就會覺得很不愉快——這樣的狀態，就是所謂的認知失調。**費斯廷格**發現，人在**認知失調**時，會修正自己的認知，以合理化自己的行為。

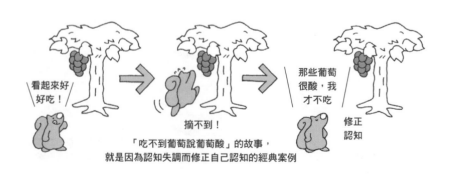

看起來好好吃！　　摘不到！　　那些葡萄很酸，我才不吃　　修正認知

「吃不到葡萄說葡萄酸」的故事，
就是因為認知失調而修正自己認知的經典案例

社會比較

定　義	透過與他人比較，來評定自己的優劣。
文　獻	〈社會比較理論〉（費斯廷格）
摘　要	費斯廷格認為，人的自尊或自負，都是透過社會比較塑造出來的。

費斯廷格
P031

我們在評定自己的能力時，會用兩套標準來評估：一是「只看自己」所給的評價，稱為絕對評價；另一個則是「與他人比較」所得到的相對評價。人在進行**絕對評價**的同時，往往還會透過**相對評價**的方式，來進行社會比較。

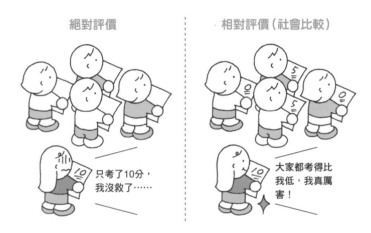

絕對評價

只考了10分，我沒救了……

相對評價（社會比較）

大家都考得比我低，我真厲害！

根據**費斯廷格**的說法，當自己與別人的能力差距越大，往往就越不會想與別人比較。

跟別人比較也沒用，反正別人是別人，我是我！

人往往會進行社會比較。不過，當自己與別人的能力差距越大，想與別人比較的傾向就會趨緩。

費斯廷格

自我評價維持模式

定 義　把人為了在人際關係當中維持自我評價，所進行的心智運作模式化。

文 獻　〈自我評價維持過程〉（泰瑟）

摘 要　因為同學等親朋好友的成功而感到高興，就像是自己成功一樣，我們稱之為與有榮焉。

泰瑟
P037

要是公司同事早一步晉升，各位一定會覺得很嫉妒吧？然而，當畫家朋友的作品在比賽中得獎時，我們卻會覺得很光榮，就像自己得了獎似的。如果親朋好友是在我們認為重要的領域表現傑出，我們就會感到壓力；如果不是那麼重要的領域，我們就會覺得很驕傲。**泰瑟**把這種心智運作稱為自我評價維持模式，並將它理論化。

人際關係心理學

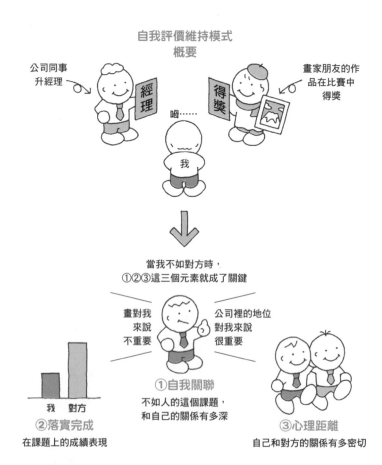

自我評價維持模式
概要

公司同事升經理　→　經理

畫家朋友的作品在比賽中得獎

喝……

我

當我不如對方時，
①②③這三個元素就成了關鍵

畫對我來說不重要　　公司裡的地位對我來說很重要

①自我關聯
不如人的這個課題，和自己的關係有多深

②落實完成
在課題上的成績表現

我　對方

③心理距離
自己和對方的關係有多密切

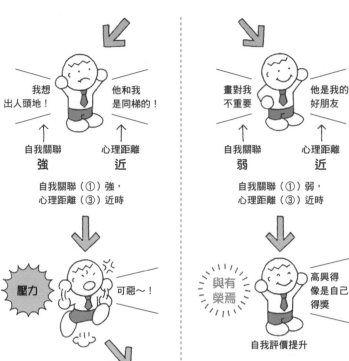

自我關聯（①）強，
心理距離（③）近時

自我關聯（①）弱，
心理距離（③）近時

壓力

可惡～！

與有
榮焉

高興得
像是自己
得獎

自我評價提升

設法調整①②③之中的任一個項目，
以維持自我評價

我對出人頭
地沒興趣

我要活得
自由自在！

調整自我關聯（①）
消除對課題的興趣

我要
更努力！

我不要
再見到他

調整落實完成（②）
努力提升自己的成績，
或降低對對方績效的肯定

調整心理距離（③）
和對方保持距離

就能維持自我評價

人際關係心理學

197

費德勒 P032	# 權變領導理論

定　義　主張依團隊狀況不同，有效領導方式也會隨之改變的理論。

文　獻　《改善領導效能：領導者搭配概念》（費德勒）

魅力型領導者
強力拉動團隊向目標前進的領導類型

⬇ 這種情況下會很順利！

民主型領導者
懂得顧慮人際關係的領導類型

⬇ 這種情況下會很順利！

課題明確，且領導者與
追隨者關係良好時

課題明確，且領導者與
追隨者關係不佳時

課題不明確，且領導者與
追隨者關係不佳時

課題不明確，且領導者與
追隨者關係良好時

換言之，狀況極佳和極差時，需要魅力型領導者
狀況極不好不壞時，需要民主型領導者。

有時懂得顧慮人際關係的民主型**領導者**，會比帶有強烈個人魅力的**領導者**適任。這種主張「團隊狀況不同，有效**領導統御**的方式也會隨之改變」的概念，就是**權變領導理論**。在這一套理論當中，有兩種**領導統御**的類型：魅力型（課題達成型）和民主型（人際關係型）。

權力使人腐化

定　義　有權者會低估他人能力，或採取高壓態度。

文　獻　〈權力腐化了嗎？〉（基普尼斯）

摘　要　基普尼斯發現，管理者所掌握的權限越大，往往越會對部屬提出各種細瑣指示，並低估部屬的能力。

基普尼斯
P032

掌握的權限越大，權力越會使人腐化

人都會想動用權力，
所以握有強大權限的主管，
會頻頻對部屬發號施令

認為部屬的成長是因為
自己這個主管的指導，
而非部屬自己的能力使然

人只要掌握強大的**權限**，就會低估接受指令者的能力，或認為工作成果都是因為自己指揮得宜，藉此拉抬**自我評價**。**基普尼斯**把這種趨勢稱為「權力使人腐化」。要動用**權力**來提升業績，其實很容易，所以掌權者橫行霸道的惡形惡狀，也時有所聞。

掌握的權限小，權力就不會使人腐化

部屬做事
充滿幹勁，
結果反而績效變好。

心理抗拒

定 義	當個人自由受到他人侵犯時，就會想奪回自由的抗拒心態。
文 獻	《心理抗拒：一項關於自由與控制的理論》（布瑞姆）
摘 要	心理抗拒有時會引發迴力鏢效應（P201）。

布瑞姆
P034

「這部電影就快要看不到了！」聽到這樣的一句話，我們就會突然想看這部電影的念頭——因為我們原本擁有**選擇**「觀賞」的**自由**，但此時卻感受到自由將被剝奪的危機，便會想搶回這份選擇的權利。當個人自由受到他人侵犯時，就會想奪回自由的抗拒心態，就是所謂的心理抗拒。

心理抗拒

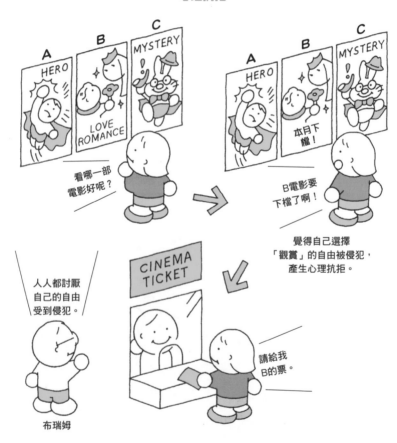

看哪一部電影好呢？

B電影要下檔了啊！

覺得自己選擇「觀賞」的自由被侵犯，產生心理抗拒。

人人都討厭自己的自由受到侵犯。

請給我B的票。

布瑞姆

迴力鏢效應

定 義	說服者說服他人的初衷引發反效果。
文 獻	〈態度變遷與社會影響力〉（亞瑟・柯恩）
摘 要	迴力鏢效應是因為被說服者想消除「心理抗拒」（P200）與「認知失調」（P194）的心態所引起。

布瑞姆等人
P034

有時好不容易心血來潮想用功讀書，卻被罵了一句「還不趕快去用功讀書」，我們的幹勁便會瞬間被澆熄——這應該是由於我們覺得**選擇**「用功讀書」的**自由**被侵犯，因而啟動了**心理抗拒**（P200）所致。這種因為被說服者啟動**心理抗拒**，使得說服者說服的初衷引發反效果的現象，就是所謂的迴力鏢效應（boomerang effect）。

迴力鏢效應

這本漫畫看完，就來用功讀書吧！

還不趕快去用功讀書！

我剛剛本來打算要用功的

覺得自己選擇「不讀書」的自由被侵犯，萌生心理抗拒

說服行為就像一支迴力鏢，飛到了返航的軌道上。（引發反效果）

勉強只會帶來反效果，凡事皆如此。

我剛剛本來打算要用功的

布瑞姆

畢馬龍效應

羅森塔爾
P036

定　義　教師的期待，會對學生的學習效果帶來正面影響。

摘　要　標籤（P248）所帶來的正向效果，稱為畢馬龍效應；負面效果則稱為格蘭效應。此外，畢馬龍效應又稱為羅森塔爾效應，以紀念率先提出這個論述的學者。

我們對別人的**第一印象**，往往都很準確，其實這是有原因的。舉例來說，假設我們對某個人的第一印象是和藹可親，我們就會和藹可親地找對方攀談，而對方也會和藹可親地回應，於是就帶來了「第一印象果然正確」的結果。當我們被自己的第一印象引導，而實際上對方的表現也真如第一印象預期時，這種現象其實就是「自我應驗預言」（P247）的一種。

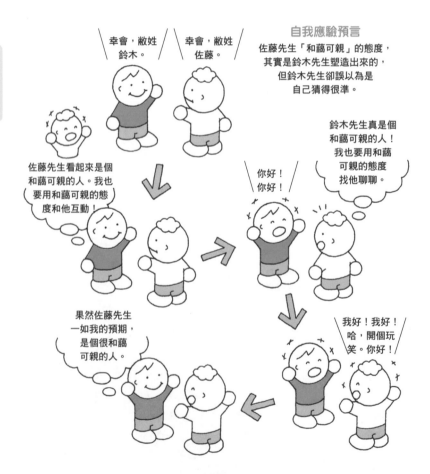

自我應驗預言

佐藤先生「和藹可親」的態度，其實是鈴木先生塑造出來的，但鈴木先生卻誤以為是自己猜得很準。

幸會，敝姓鈴木。

幸會，敝姓佐藤。

佐藤先生看起來是個和藹可親的人。我也要用和藹可親的態度和他互動！

鈴木先生真是個和藹可親的人！我也要用和藹可親的態度找他聊聊。

你好！你好！

果然佐藤先生一如我的預期，是個很和藹可親的人。

我好！我好！哈，開個玩笑。你好！

自我應驗預言的效果，在學校教育當中也很有影響力。**羅森塔爾**透過實驗證明，當教師對學生充滿期待時，的確會對學生的學習效果帶來正面影響。這就是所謂的畢馬龍效應。也就是說，如果老師能秉持「這個孩子一定會急起直追」的信念與學生互動，其實是有效的（不過，這項實驗的可信度仍有待商榷）。

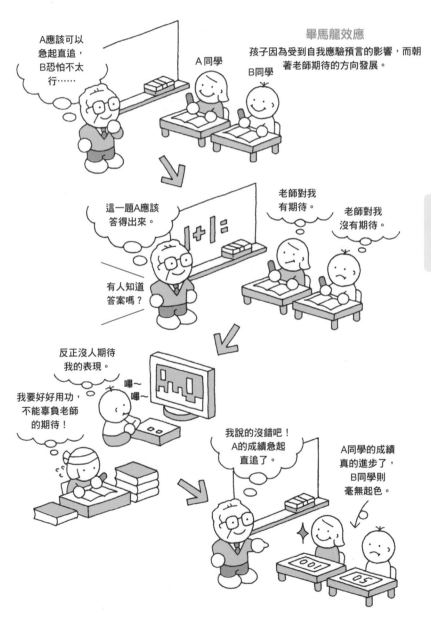

畢馬龍效應

孩子因為受到自我應驗預言的影響，而朝著老師期待的方向發展。

個人空間

賀爾
P030

定　義　個人認為是屬於自己的領域空間。
文　獻　《隱藏的空間》（賀爾）
摘　要　一般認為，個人空間的大小，會因為性別、文化和個性
等因素而有所不同。

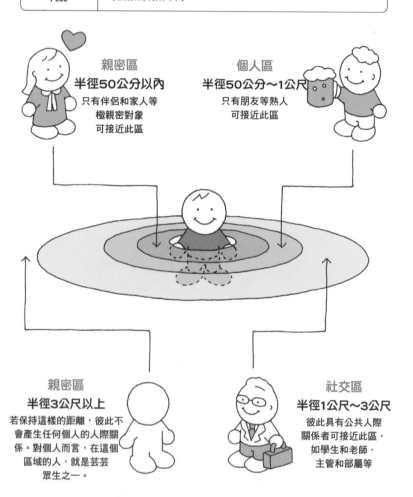

親密區
半徑50公分以內
只有伴侶和家人等
極親密對象
可接近此區

個人區
半徑50公分～1公尺
只有朋友等熟人
可接近此區

親密區
半徑3公尺以上
若保持這樣的距離，彼此不
會產生任何個人的人際關
係。對個人而言，在這個
區域的人，就是芸芸
眾生之一。

社交區
半徑1公尺～3公尺
彼此具有公共人際
關係者可接近此區，
如學生和老師、
主管和部屬等

人會認為身旁四周的**空間**，都是屬於自己的。這些空間就是所謂的個人空間（personal space）。當陌生人闖入我們的**個人空間**時，我們就會覺得很不舒服，但如果是親密的熟人，反而會非常歡迎他們進來。**賀爾**認為，**個人空間**是以自己為中心，由**四個區域**所組成。

	# 家庭暴力
沃克 P038	定　義　先生或伴侶所施加的暴力行為，又稱為家暴。 文　獻　《受暴婦女》（沃克） 摘　要　遭受家庭暴力對待的女性，稱為受暴婦女（battered woman，意指被毆打的女性）。

沃克認為先生或伴侶所施加的**暴力行為**（家庭暴力）可分為三個階段，三者不斷循環。**第一階段**稱為**壓力期**，是加害人累積壓力的時期；**第二階段**稱為**暴力發生期**，也就是加害人對被害人施暴的時期，**第三階段**稱為平和蜜月期（平靜期），是加害人向被害人謝罪後，態度溫柔體貼的時期。

一般認為，當被害人在第三階段的平和蜜月期，接觸到加害人的溫柔體貼和軟弱後，就會離不開加害人。

SVR理論

莫斯坦
P035

定　義　將戀愛關係當中的親密程度分為 S、V、R 三個階段來思考的論述。

文　獻　〈外表吸引力與結婚選擇〉（莫斯坦）

摘　要　在各階段當中最受重視的因素，依序排列為「SVR」。不過，在任一階段當中，人都會意識到 S、V、R 這三者的存在。

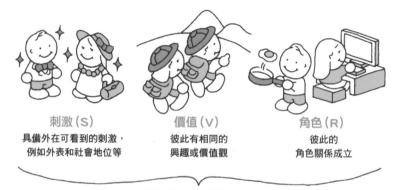

刺激（S）
具備外在可看到的刺激，
例如外表和社會地位等

價值（V）
彼此有相同的
興趣或價值觀

角色（R）
彼此的
角色關係成立

戀愛當中的重要元素

莫斯坦認為，情侶的親密程度，可以分為刺激（Stimulus）、價值（Value）和角色（Role）這三個階段，也就是所謂的 SVR 理論。到了**第三階段**的「**角色」階段**，若兩人真的可以互相扶持，就能建立真正的親密關係。根據這一套論述，相較於在**第一階段**就結婚的人，在**第三階段**結婚的人，最終走上離婚一途的機率較低。

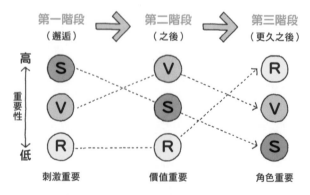

第一階段（邂逅） → 第二階段（之後） → 第三階段（更久之後）

高
↑
重要性
↓
低

刺激重要　　　　價值重要　　　　角色重要

有些情侶在第一階段就結婚，但在第二、三階段時發現想法不同時，
兩人走向離婚等發展的機率就會升高。

麥拉賓法則

麥拉賓
P037

定　義　分析語言、聽覺和視覺對他人眼中好感的影響程度，並以百分比的方式呈現。

摘　要　這裡的語言資訊，就是所謂的語言溝通；而視覺、聽覺資訊，則是所謂的非語言溝通。

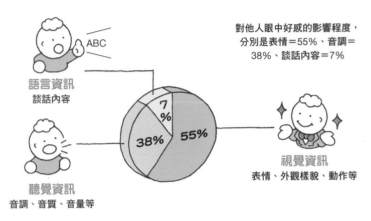

對他人眼中好感的影響程度，分別是表情＝55%、音調＝38%、談話內容＝7%

語言資訊
談話內容

ABC

聽覺資訊
音調、音質、音量等

視覺資訊
表情、外觀樣貌、動作等

7%

38%　55%

根據**麥拉賓**的論述，**表情**等**視覺資訊**，對於我們給別人的第一印象影響最深，其次是**音調**等**聽覺資訊**，至於**談話內容**如何，就不是太重要了。就影響程度而言，他認為**視覺佔 55%**，**聽覺佔 38%**，**語言則佔 7%**（麥拉賓法則）。

表情＝×　　談話內容＝◎
（稱讚）

妳好聰明！
妳好漂亮！
好迷人！

討厭！

表情＝×

表情＝◎　　談話內容＝×
批評）

妳是大笨蛋。
妳是醜八怪。
妳沒救了。

好棒！

表情＝◎

談話內容給對方的影響微乎其微？

若想給對方留個好印象，似乎應該更留意表情和聲音等**非語言**的氛圍要素，會比著重談話內容更有效。

漫天要價法

定　義	「先提大要求，再提小請託」的說服技巧。
文　獻	《透視影響力：人類史上最詭譎、強大的武器總析解》（席爾迪尼）
摘　要	英文名稱的由來，是取自於業務員在上門推銷時，總會被顧客拒絕，而門就在眼前關上的光景。

席爾迪尼
P038

先以遭拒絕為前提，刻意提出誇大的要求，接著再拜託一件小事，就可提升小事獲得接受的機會——這就是所謂的漫天要價法（door in the face technique）。這個方法，可說是巧妙地利用了人類有恩必報心態（互惠原則）的說服技巧。

漫天要價法

這個賣1000圓～

刻意訂高價格

哇！好貴！

好啦！那算妳200圓就好！

接著調低價格

謝謝！那我就買這個。

互惠原則
誤以為對方「為我付出」，
便覺得自己「必須回報」，於是買下商品。

得寸進尺法

定　義	「先提小要求，再提大請託」的說服技巧。
文　獻	《透視影響力：人類史上最詭譎、強大的武器總析解》（席爾迪尼）
摘　要	英文名稱的由來，是取自於業務員在上門推銷時，會先設法踏進顧客家門之後，再開始推銷的光景。

席爾迪尼
P038

所謂的 得寸進尺法（Foot in the door technique），正好和**漫天要價法**（P208）相反。起初先提出難以拒絕的小要求，讓對方答應之後，再提出大請託，以提高大請託被接受的機率。這個方法，可說是巧妙地利用了人類「一旦決定的事，就會貫徹到底」的心態（一致性原則）的說服技巧。

得寸進尺法

來看看就好，過來看看吧！

難以拒絕的小要求

如果只是看看的話……

怎麼樣？買一條啦！

接著提出大請託

說的也是，那我就買這個。

一致性原則

覺得事情既然做了，
就要做到底，於是買下商品。

低飛球法

定　義　先隱瞞不利條件，讓對方同意請託後，再說明真正要求
內容，以說服對方答應的技巧。

摘　要　低飛球法和「得寸進尺法」一樣，都運用了一致性原則。

席爾迪尼
P038

起初先隱瞞不利的條件（丟出容易接到的低球），讓對方同意請託後，再進入追加不利條件的階段，藉此提高對方答應真正要求內容的機率——這就是所謂的低飛球法（low-balling technique）。它和**得寸進尺法**（P209）很相似，但帶有一點詐欺的色彩。

低飛球法

這個100圓喔！　　隱瞞不利條件　　哇！好便宜！我要買。

這個蘿蔔要搭配這一款專用的磨泥器　　追加不利條件

好的，那再給我100圓　　沒辦法，只好連它一起買了

一旦開始做了之後，就想做到最後，於是買下商品
（一致性原則，P209）

人際關係心理學

低飛球法主要是用在銷售場域。除此之外，還有金髮女孩法則（Goldilock Effect），和雙面訊息法則（two-sided presentation）等，都是廣為人知的銷售手法。

運用金髮女孩法則的銷售活動

中尺寸獲利最佳時，拿出較大和較小尺寸，三者一併陳列。

該買哪個好呢？

迴避極端

迴避極端選項，做出選購決策

大的300，中的200，小的100

請給我中的。

運用雙面訊息法則的銷售活動

這個很好吃喔～

う～ん

不只說明優點，也闡述缺點

願意相信對方和他的商品，又能在有邏輯的思考下選購

這條蘿蔔很好吃，但就是不能久放。

這個人可以信得過。反正我只要早點把它吃完就行了。

午餐技巧

定　義　在品嘗美味餐點之際進行協商，就能讓雙方往來朝有利的方向發展。

摘　要　這項技巧運用了制約（P069）學習當中的聯結律（無意識地將某些印象與不同事物聯結，進而一併記住）概念。

拉茲蘭
P025

人際關係心理學

**餐點
難吃時**

我想早點回去了。
真不知道我為什麼
得和這群人
待在一起？

**餐點
美味時**

餐點美味，談話
也有趣！和這些
人在一起真是
太幸福了！

吃到美味的食物，就會讓人感到幸福，連帶也會為當下的對話和在一起的人，增添不少好印象。像這樣無意識地將某些印象，與毫不相關的事物串聯在一起，就是所謂的聯結律。

只要與本公
司合作……

一定一定！
合作吧！

拉茲蘭認為，在品嘗美味餐點之際進行協商，就能啟動**聯結律**，讓雙方往來朝有利的方向發展，這就是所謂的午餐技巧。

久等了～
哇！
好漂亮！

在景色優美的地方相約
見面，優美的背景就會
與人的外貌串聯在一起。
在這種情況下，
聯結律也會啟動運作。

吊橋效應

定　義	緊張刺激、心跳加速時，會對當下在身旁的異性產生好感。
文　獻	〈在焦慮狀況下之性感上升情形〉（達頓、艾倫）
摘　要	這個現象是錯誤歸因（搞錯現象發生的原因）的結果。

艾倫等人
P039

所謂的吊橋效應，就是由唐納德 · 達頓（Donald G. Dutton，1943 ～）和艾倫所提出的「和異性一起走吊橋，就會對那位異性產生好感」的論述。吊橋一搖晃，人就會因為害怕而心驚膽跳，但我們會把這種心跳加速的感覺誤以為是戀愛，才會覺得自己和對方一見鍾情。

當發生某些現象時，人就會試著想找出原因（歸因，P187）。可是，有時也會搞錯這些現象背後發生的原因（錯誤歸因）。

斯汀澤效應

斯汀澤
P031

定　義　在小團體的會議中，我們所選的座位，往往取決於自己與他人之間的心理關係。是由美國心理學家斯汀澤所整理出來的規則。

文　獻　〈面對面討論團體當中的空間效應〉（斯汀澤）

摘　要　又有「斯汀澤三原則」之稱。

斯汀澤發現，在會議當中，人的行為具有三項共同的特質（斯汀澤效應，Steinzor effect）。一是人會傾向選擇坐在以前曾和自己起過爭執的人**正對面**。

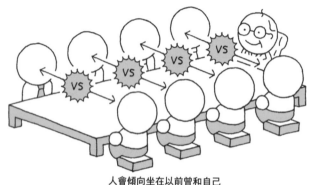

人會傾向坐在以前曾和自己
起過爭執的人正對面

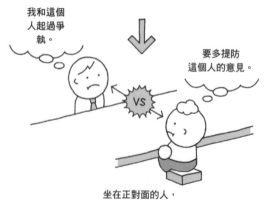

我和這個人起過爭執。

要多提防這個人的意見。

坐在正對面的人，
要多注意他發表的意見

第二個特質，是緊接在自己之後發言的人，往往會發表**相反**的意見。

人際關係心理學

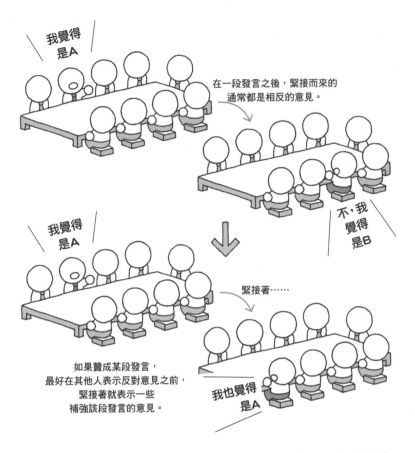

我覺得
是A

在一段發言之後,緊接而來的
通常都是相反的意見。

我覺得
是A

不,我
覺得
是B

緊接著……

如果贊成某段發言,
最好在其他人表示反對意見之前,
緊接著就表示一些
補強該段發言的意見。

我也覺得
是A

第三個特質,是在**強勢領導**下,與會人員往往會與**鄰座的人**交談;若主席
領導風格較溫和,則與會人員多會與**正對面**的人交談。

強勢
領導

交談

交談

交談

交談

交談

依領導風格的強弱不同,
與會人士方便攀談的對象也不同。
最好視主席的領導風格,
選擇合適的座位。

溫和
領導

交談

交談

交談

交談

人際關係心理學

社會心理學

	# 場地論
勒溫 P023	定　義　人的行為是依生活整體各項因素的關聯性而定。 文　獻　《社會科學場地論》（勒溫） 摘　要　勒溫是猶太人，他想運用完形心理學的論述，來剖析民 眾崇拜納粹極權主義的原因。

整體（完形）能創造出超越個別元素加總的產物——這就是**完形心理學**（P082）的概念。

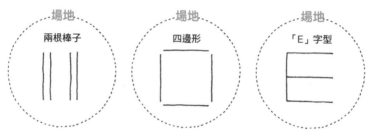

在完形心理學的概念當中認為，「整體」能創造出超越個別元素加總的產物。例如把四條線（元素）放在不同的環境（場地）之下，就會出現比四條線更豐富的產物。

勒溫把**完形心理學**的概念，應用在社會心理學上（分析社會如何影響人的意識或行為，以及人的意識或行為如何影響社會的一門學問）。人類的行為，並不單只取決於個人的性格或欲望，還會受到個人所處的**場地**（環境）影響——這就是所謂的場地論。

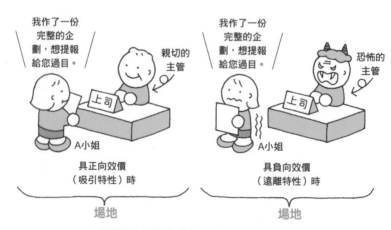

在不同環境（場地）當中，A會做出不同的行為。
換言之，A的行為是受到場地的影響，而非個人性格使然。

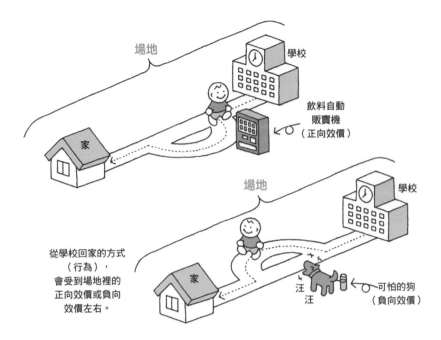

在**場地**當中吸引人靠近，或驅使人遠離的特性，就是所謂的效價。吸引對方靠近的是正向效價，驅使對方遠離的是負向效價。兩者對於個人言行都會帶來很大的影響。

人的言行受到個人地位處境影響，而非個人特質

想了解某個人的言行內涵，就要先整體掌握那個人腦中對於團體或狀況的認知——這就是**場地論**的概念。要了解別人的言行舉止，就必須先觀察他周遭的環境。

團體動力學

定　義	用場地論來剖析團體行動的研究領域。
文　獻	《團體動力學》（卡特萊特等人）
摘　要	團體力學是由勒溫率先提出，之後由他的學生卡特萊特等人發揚光大。

勒溫等人
P023

提出**場地論**（P218）的**勒溫**認為，**團體能創造出超越個人加總的產物**。因此在**團體行為**當中，蘊含著超越個人言行加總的內涵。

團體能創造出
不同於「個人加總」
的其他產物

勒溫認為，深入研究隸屬於**團體**裡的個人言行，有助於改善人類的社會生活。他還將自己的這些研究，命名為**團體動力學**（Group Dynamics）。

團體動力學的案例一
團體內的決策趨勢研究

時間很趕沒
錯，但還是等
綠燈再走吧！

大家一起
過去吧！

研究中發現，團體所做的決策，比個人決定更常選擇
高風險、高報酬的選項

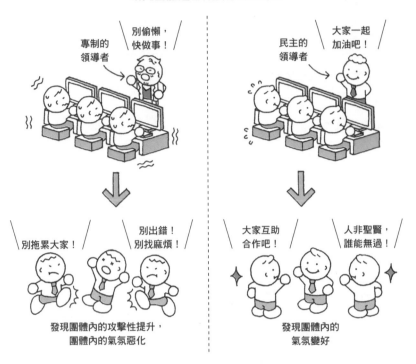

團體動力學的案例二
研究團體適合什麼樣的領導者

專制的領導者　別偷懶，快做事！

民主的領導者　大家一起加油吧！

別拖累大家！　　別出錯！別找麻煩！

大家互助合作吧！　人非聖賢，誰能無過！

發現團體內的攻擊性提升，團體內的氣氛惡化

發現團體內的氣氛變好

後來，勒溫的高足**卡特萊特**（D. Cartwright，1915 ～ 2008）等人，又進行了多項**團體動力學**的實驗。時至今日，**團體動力學**還應用到**團體凝聚力**、**團體壓力**和**領導統御**（領導者的資質與能力）、**決策過程**、**救援行動**等領域，意義已與「團體心理學」畫上等號。

其他的團體動力學

研究個人變得無法違逆團體規範的過程

研究如何協助領導者在團體中發揮領導統御能力的方法。

研究個人融入團體的過程

團體氣氛

勒溫等人 **P023**	定　義　團體傳統的氣氛。 文　獻　《團體動力學》（卡特萊特等人） 摘　要　勒溫為了解納粹黨如何營造出迫害猶太人的氣氛，才著手投入團體氣氛的實驗性研究。

團體氣氛是指「團體裡傳統的氣氛」，又稱為社會氣氛，比較簡單易懂的例子有家風、校風等。**團體氣氛**一旦形成，通常都會持續一段比較長的時間。

名門閨秀雲集
的校風

父親意見不容挑戰
的門風

各式各樣的
團體氣氛

團體裡傳統的氣氛，
就是所謂的團體氣氛

樸實無華的社團

光鮮搶眼的社團

個人容易開口表達意見的
公司氣氛（公司文化自由開放）

個人很難開口表達意見的
公司氣氛

社會心理學

團體氣氛受領導者的特質影響

敢偷懶就處
罰你們！

領導者專制時

我也來幫
忙！

領導者民主時

別扯後腿！

別出錯！
別找麻煩！

團體氣氛=差

團體內的攻擊性上升。
這些攻擊性不會針對領導者，
而是會針對團體成員的某一人

大家互助
合作吧！

人非聖賢，
誰能無過！

團體氣氛=佳

團體內的攻擊性下降，
成員彼此互助合作的
意願上升。

缺乏獨創性、自主性
和互助精神

缺席

獨創性
上升

互助意
願上升

自主性
上升

衝突

定　義　無法抉擇該選何者的狀態。

文　獻　《人格動力理論》（勒溫）

摘　要　若長期處於衝突狀態，就會導致受挫（frustration）的心態。

勒溫
P023

人的欲望永無止盡。尤其像是「我想瘦，又想吃蛋糕」這種魚與熊掌不可兼得的選擇，更是棘手。這種狀態，我們稱之為**衝突**（Conflict，糾結）。根據**勒溫**的觀察，人類在社會生活當中會碰到的**衝突**，可分為**三種型式**。

+的誘因　　　　　　+的誘因

①趨近（＋）與趨近（＋）型的衝突

在兩個具同等吸引力的誘因之間
猶豫不決的狀態

同一天有兩場不同的派對，我兩場都想去！

如果衝突是「＋」與「＋」，那麼一旦決定之後，就不會再糾結下去。

一的誘因　　　　　　　一的誘因

②迴避（－）與迴避（－）型的衝突

兩個都想迴避，但只要迴避其中之一，
就會陷入另一者的狀態

不想努力，但也討厭落榜

落榜

比「＋」與「＋」衝突更難跳脫。

＋和一的誘因

③趨近（＋）與迴避（－）型的衝突

一個目標具有吸引人的一面，也有不吸引人的一面，很難斷然執行

去喝酒聚餐是很開心，但隔天就會很痛苦

其他還有
「想吃但不想變胖」、「想結婚但不想被剝奪自由」等

<table>
<tr>
<td rowspan="2">
勒溫等人
P023</td>
<td colspan="2" style="text-align:center"><h1>邊緣人</h1></td>
</tr>
<tr>
<td colspan="2">
定　義　既不是孩子，也不是大人的青春期族群。
文　獻　《城市：城市環境中人類行為研究的建議》（派克）
摘　要　原本是派克用來指「生活在不同文化領域者」的社會學
用語，勒溫將它拿來套用在「既不是孩子，也不是大人」的青春
期心態上。
</td>
</tr>
</table>

社會學家**羅伯特・E. 派克**（Robert E. Park，1864～1944）把在多元文化並存的社會當中，既不能被任何一個文化圈同化，又**不完整**地隸屬於多個文化的人，稱為邊緣人（marginal man）。

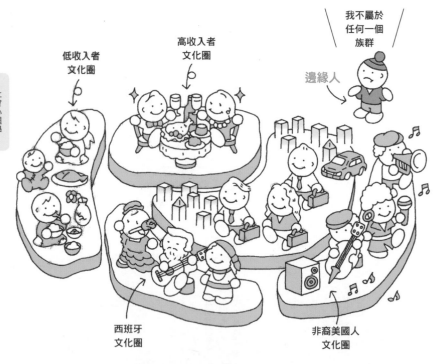

「邊緣人」原本是派克所提出的社會學用語，
後來被勒溫應用在心理學上。

因移民等因素所形成的**邊緣人**，因為並未清楚地歸屬於任何一個文化圈，所以很難為自己找到一貫的**自我認同**。不過，也因為他們在多種不同文化的夾縫中生存，所以能客觀地看待每一種文化，更有望融合多種文化，創造出新的價值或文化。

融化多種文化，打造出新的藝術品了！

邊緣人能客觀地觀照多種文化，故在文化、經濟上功成名就者，不在少數。

後來，**勒溫**也用了**邊緣人**這個詞彙，來形容**青春期**（12 歲到 20 世代前半）那種處於邊界上，既不是孩子，也還沒完全成為大人的不穩定身分。

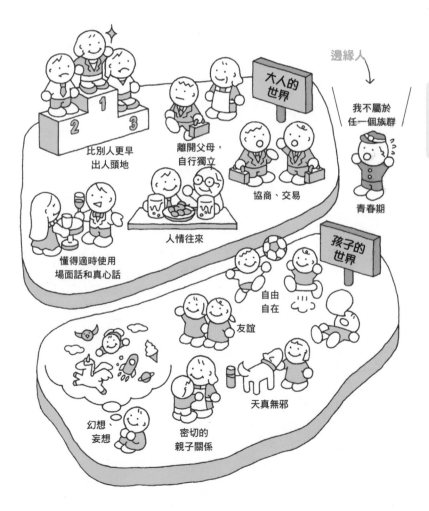

邊緣人

大人的世界

我不屬於任一個族群

青春期

比別人更早出人頭地

離開父母，自行獨立

協商、交易

懂得適時使用場面話和真心話

人情往來

孩子的世界

自由自在

友誼

天真無邪

幻想、妄想

密切的親子關係

	脱序
	定　義　經濟大蕭條或大榮景，使人喪失紀律或道德，欲望過度膨脹，陷入心理混亂的狀態。
	文　獻　《自殺論》（涂爾幹）
涂爾幹 P019	摘　要　脱序的英文「anomie」在希臘文中原為「無法可管狀態」之意。

人心中源源不絕的**欲望**，通常都會受到社會道德規範的壓抑。然而當經濟空前蕭條，或相反地處於經濟起飛期時，社會一旦陷入混亂，道德規範就無法正常運作，導致人的欲望無限膨脹。這樣的狀態，就是所謂的脱序（anomie）。

這也想做，那也想做。

欲望

人的欲望通常都會受到社會道德規範的壓抑

社會道德規範

經濟大蕭條或大榮景等，導致社會急遽變化

既有的社會道德規範瓦解

脱序

失去壓抑約束之後，人的欲望無限膨脹

涂爾幹認為，當人的欲望無限膨脹，又找不到方法來滿足時，不滿、焦慮、絕望感等情緒就會湧現，讓人陷入混亂狀態，引發**脫序犯罪**或**脫序自殺**（P230）。而社會情勢多變的現代社會，又可稱為**脫序時代**。

脫序犯罪與脫序自殺①（榮景→大蕭條）

脫序犯罪與脫序自殺②（蕭條→大榮景）

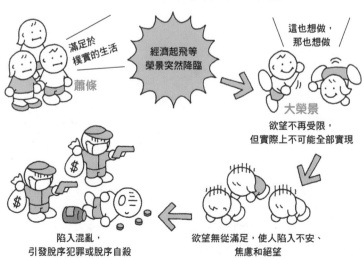

自殺的四種類型

涂爾幹
P019

定　義　《自殺論》（涂爾幹）
摘　要　涂爾幹認為①利己型自殺、②利他型自殺、③脫序型自殺和④宿命型的自殺是彼此對立的組合。

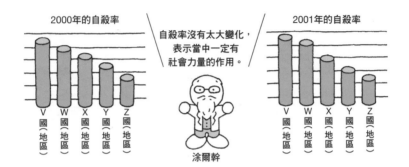

2000年的自殺率

V國（地區）　W國（地區）　X國（地區）　Y國（地區）　Z國（地區）

自殺率沒有太大變化，表示當中一定有社會力量的作用。

涂爾幹

2001年的自殺率

V國（地區）　W國（地區）　X國（地區）　Y國（地區）　Z國（地區）

各國自殺率的排名與數字，其實每年都大同小異。倘若**自殺**只是純粹的個人行為，那麼各國的自殺率排名和數字，應該年年都大幅變動才對。因此，有人認為在這當中還有一股超越個人心理的**社會**力量在運作。**涂爾幹**把這一股超越個人苦衷，讓人走向自殺的社會因素，分成利己型自殺、利他型自殺、脫序型自殺和宿命型自殺這四類（自殺的四種類型）。

①利己型自殺（新型自殺）
發生在團體聯結較弱的社會

有家人

大家一起禱告吧！

天主教

在地社會

沒家人實在是太孤單了，自殺吧！

孤家寡人

一個人禱告實在是太孤單了，自殺吧！

基督新教

大都市實在是太孤單了，自殺吧！

大都市社會

②利他型自殺

發生在團體聯結過強的社會

我負起責任
自殺吧！

公司

我給大家
添了麻煩。
自殺吧！

在地社會

③脫序型自殺

發生在大蕭條時對人生絕望，或
大榮景時無法控制欲望的自殺類
型

（脫序，P228）

我跟不上
這種價值觀。
自殺吧！

社會情勢
劇烈變化時

我無法抑制
自己的欲望。
自殺吧！

大榮景時

我已經債台
高築了。
自殺吧！

蕭條時

④宿命型自殺 （傳統型自殺）

和脫序相反，發生在傳統或習俗等
對人約束過強的社會

歧視我？
未免太不合理
了吧？
自殺吧！

我撐不下去
了，自殺
吧！

倘若社會是讓人自殺
的原因，那麼離開社
會（改變環境），
就可以不必走上
絕路了。

涂爾幹

涂爾幹認為**社會的存在**，具有足以逼使人自殺的威力。

凝聚力

涂爾幹
P019

定　義　讓團體團結的強大力量。
文　獻　《自殺論》（涂爾幹）
摘　要　凝聚力的研究，在勒溫提出的團體動力學（P220）當中，
是一個主要的議題。

涂爾幹把「讓團體團結的強大力量」稱為凝聚力。在凝聚力弱的社會當中，個人雖然自由，但孤獨感也會因而加深；相對的，凝聚力變強，就會沖淡孤獨感，但會因為團體的規範或習俗，會壓得人喘不過氣。

社會心理學

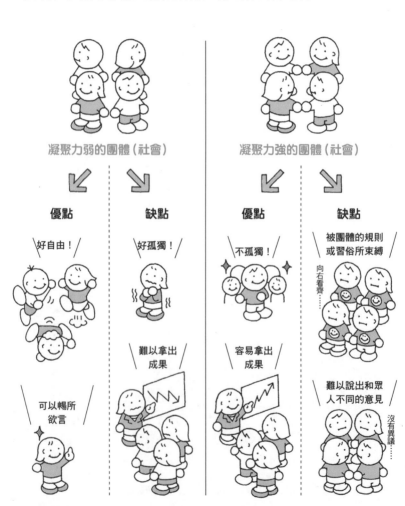

凝聚力弱的團體（社會）　　　　　凝聚力強的團體（社會）

優點　　　缺點　　　優點　　　缺點

好自由！　　好孤獨！　　不孤獨！　　被團體的規則
或習俗所束縛

向右看齊……

難以拿出
成果　　　容易拿出
成果　　　難以說出和眾
人不同的意見

可以暢所
欲言　　　　　　　　　　　　沒有異議……

單純曝光效應

定 義 人或事物在我們眼前出現多次後，我們就會對它產生好感。

摘 要 由於單純曝光效應是由札瓊克所提出，所以也被稱為札瓊克效應。

札瓊克
P032

有時我們到常光顧的店家去，看到同一位店員好幾次，就會逐漸對店員產生親切感；又或是平時常聽到的話，往往會備受喜愛。像這種在多次接觸某個人、事、物之後，逐漸對其產生好感的現像，就是所謂的單純曝光效應。

下次就來喝這個吧！

單純曝光效應
（札瓊克效應）

常看到廣告的商品，就會想試一試

在常光顧的便利商店，對店員產生好感

對鄰座的人產生好感

麥當勞

對常看到廣告的公司，產生好感

我們只要多接觸對象的人、物幾次，就會產生好感，與對象人、物的特質無關。

札瓊克

喜歡上每天早上都看得到的主播

接下來為您播報氣象

不論對象人、物的特質如何，**單純曝光效應**都會奏效。因此，很多企業會選擇應用這一套效應的廣告策略。

驅力理論

定　義　因為周遭的期待，而使人的力量受到激發或壓抑
文　獻　〈社會助長〉（札瓊克）
摘　要　正式上場時的成敗，關鍵在於平時不斷練習，並從中累積多次成功經驗。

札瓊克
P032

因為集眾人的期待於一身而表現得更好，就是所謂的社會助長；反之，若因此而無法發揮實力，則稱為社會抑制。**札瓊克**認為，這兩者都是受到強勢反應的影響。

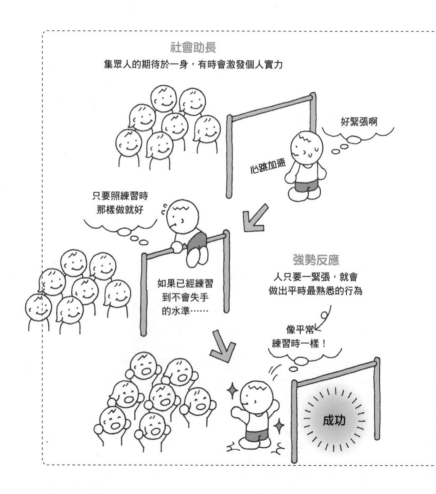

社會助長

集眾人的期待於一身，有時會激發個人實力

好緊張啊

心跳加速

只要照練習時那樣做就好

強勢反應

人只要一緊張，就會做出平時最熟悉的行為

如果已經練習到不會失手的水準……

像平常練習時一樣！

成功

所謂的**強勢反應**，是指人在緊張時，往往會做出那段時間最常有的行為表現。在**強勢反應**的基礎上，出現**社會助長**或**社會抑制**現象，就是所謂的驅力理論。

練習到不失手！

只要練習時不再失手，正式上場時就不容易出錯。

札瓊克

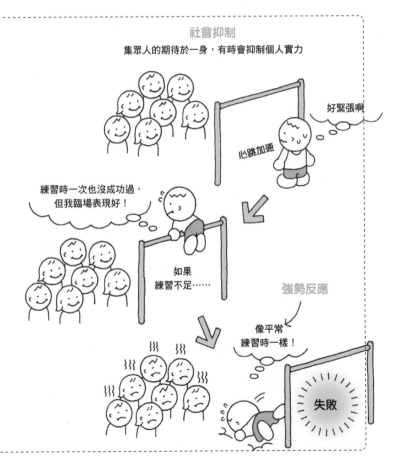

社會抑制

集眾人的期待於一身，有時會抑制個人實力

好緊張啊

心跳加速

練習時一次也沒成功過，但我臨場表現好！

如果練習不足……

強勢反應

像平常練習時一樣！

失敗

從眾

定　義	配合旁人調整自己的意見。
文　獻	〈獨立與從眾研究〉（阿斯契）
摘　要	阿斯契是從波蘭遷徙到美國的移民，又是猶太裔，曾針對德國國民對納粹的從眾心理進行研究。

阿斯契
P027

有時候，面對一個顯然錯誤的意見，只要身旁的人大多數贊成，我們也會選擇從眾。阿斯契透過實驗，證明了這個現象。

從眾行為的實驗

請看這張圖

和剛才圖中的線一樣長的是哪一條？

正確答案顯然是B

是A　是A　是A　！？

樁腳　樁腳

樁腳

受試者

樁腳答錯

是A！

有30%以上的受試者從眾，選了和其他人一樣的錯誤答案

這個實驗告訴我們：在團體當中，言行要和其他人不同，是一件多麼困難的事。不論是有意或無意，個人意見都會受到多數派的牽動。

團體壓力

	定　義　施加在個人身上，以求個人配合團體意見或行動的一股力量。
阿斯契 P027	文　獻　《意見與社會壓力》（阿斯契） 摘　要　阿斯契確立了「實驗社會心理學」這門學問，也影響了日後米爾格蘭的服從實驗研究（米爾格蘭實驗，P264）。

阿斯契是流亡到美國的猶太人，當年親眼見證德國國民對**納粹**的**從眾**（P236）現象。他把逼使人從眾的那股約束力稱為**團體壓力**，並以**個人對團體壓力屈服的原理**（齊一性原理），作為他終生的研究主題。

社會心理學

選擇**從眾**配合團體的**從眾行為**，可說是個人為求在團體中自保的**自我防衛行為**。阿斯契認為，個人要對抗**團體壓力**的難度相當高。

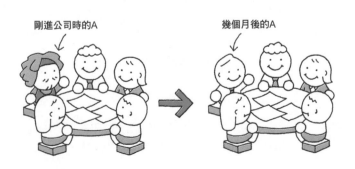

剛進公司時的A　　　　　　　幾個月後的A

初始效應	
定　義	對人事物的第一印象，會決定我們對它的整體印象。
文　獻	〈性格印象的形成〉（阿斯契）
摘　要	初始效應有時也會被用來當作一種商務技巧，例如一開始就先說明自己最想推薦的賣點，以刺激對方的購買欲望。

阿斯契
P027

阿斯契在一項實驗當中，給受試者看了某個人物的幾項特徵，以調查人類對素昧平生的人物如何**形成印象**。結果發現，特徵提出的**順序**，對印象形成有很大的影響。

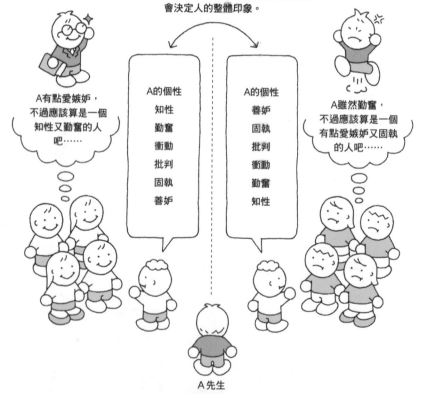

在左右兩張性格列表當中，
內容完全相同，但順序略有調動。
阿斯契透過這樣的實驗，發現最先接收到的資訊，
會決定人的整體印象。

A有點愛嫉妒，
不過應該算是一個
知性又勤奮的人
吧……

A的個性
知性
勤奮
衝動
批判
固執
善妒

A的個性
善妒
固執
批判
衝動
勤奮
知性

A雖然勤奮，
不過應該算是一個
有點愛嫉妒又固執
的人吧……

A先生

最初接收到的資訊，會決定我們對人或事物的整體印象——這就是所謂的初始效應。初始效應的存在，說明了**第一印象**的重要性。

中心語

阿斯契 P027	定　義　人在對其他人物形成印象之際，發揮核心作用的詞彙。 文　獻　《在決定人的第一印象時，「溫暖」和「冷漠」所發揮 的效果》（阿斯契） 摘　要　在印象形成時能發揮核心作用的特性（詞彙），會因人 而異。刻板印象（P192）越強烈的人，越容易受到中心語的影響。

我們在**形成**對某個人物的**印象**之際，有些資訊的重要性特別顯著，例如「溫暖」或「冷漠」等。這種發揮核心作用的詞彙，就是所謂的中心語。

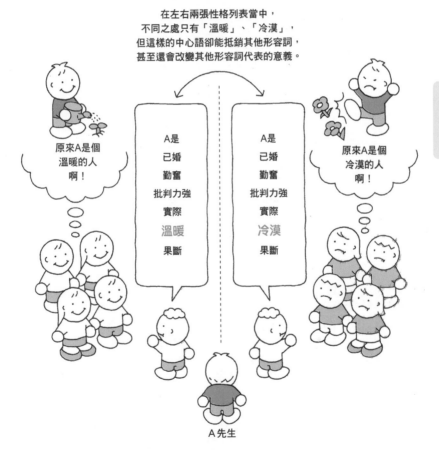

在左右兩張性格列表當中，
不同之處只有「溫暖」、「冷漠」，
但這樣的中心語卻能抵銷其他形容詞，
甚至還會改變其他形容詞代表的意義。

原來A是個溫暖的人啊！

A是
已婚
勤奮
批判力強
實際
溫暖
果斷

A是
已婚
勤奮
批判力強
實際
冷漠
果斷

原來A是個冷漠的人啊！

A先生

中心語所描述的特質，不僅會抵銷其他特質，還會改變其他特質的涵義。這樣的效果，就稱為中心特質效應。

時近效應

定　義	最後得知的資訊，決定了人對事物整體的印象。
摘　要	時近效應有時也會被用來當作一種商務技巧，例如當顧客對商品很有興趣時，我們就把自己最想推薦的賣點留到最後才說，以刺激對方的購買欲望。

安德遜
P033

社會心理學

安德遜的模擬法庭實驗

安德遜根據實際發生過的案件，召開了模擬法庭

握有對被告不利的
六項證詞，分別是
〔1〕～〔6〕

檢察官

握有對被告有利的
六項證詞，分別是
〔A〕～〔F〕

律師

被告

陪審員

安德遜發現，有時我們**最後**認知到的資訊，會決定我們對事物的整體印象——這就是所謂的時近效應，性質和**阿斯契**（P027）所提出的**初始效應**（P238）正好相反。

案例①

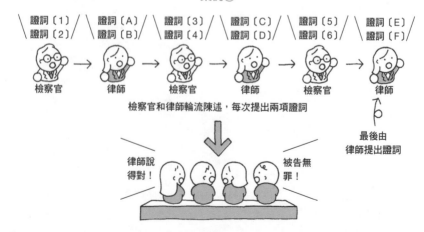

| 證詞〔1〕 | 證詞〔A〕 | 證詞〔3〕 | 證詞〔C〕 | 證詞〔5〕 | 證詞〔E〕 |
| 證詞〔2〕 | 證詞〔B〕 | 證詞〔4〕 | 證詞〔D〕 | 證詞〔6〕 | 證詞〔F〕 |

檢察官 → 律師 → 檢察官 → 律師 → 檢察官 → 律師

檢察官和律師輪流陳述，每次提出兩項證詞

最後由
律師提出證詞

律師說
得對！

被告無
罪！

案例②

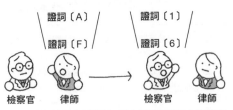

先由律師陳述六項證詞，再由檢察官提出六項證詞

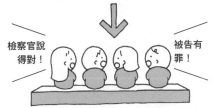

不論是案例①或案例②，陪審員做的結論，
都是有利於最後提出證詞的一方。

在印象形成（P238）之際，若事前就對評估對象高度關注時，會生效的
是時近效應；對評估對象興趣缺缺時，則會生效的是初始效應。

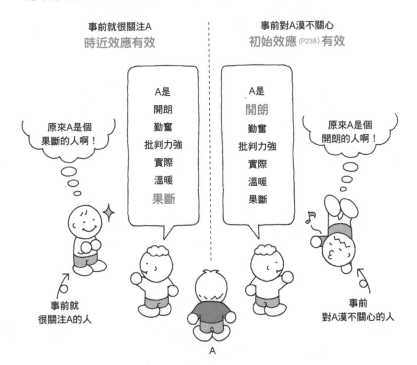

權威性人格

定　義	接納多數派豁權威，排除少數派的社會性格。
文　獻	《逃避自由》（佛洛姆）
摘　要	佛洛姆是猶太人，一生都在從精神分析（P104）的角度，剖析法西斯主義如何在德國人社會普及。

佛洛姆
P025

現代人掙脫了傳統、封建的束縛，得到了自由。可是，這樣發展的結果，使得人身上原有的各種聯結都被切斷，必須自己一個人決定自己的生活方式。當我們承受不了焦慮或孤獨時，就會轉而接受束縛自己的權威。這樣的性格，就是所謂的權威性人格。

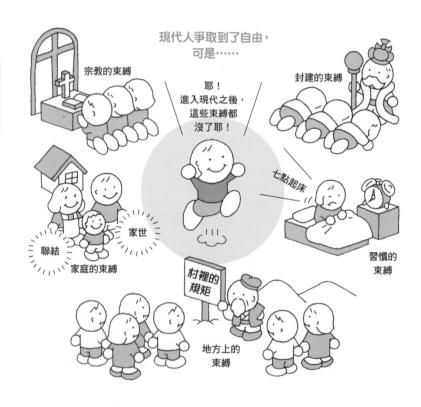

現代人爭取到了自由，可是……

耶！進入現代之後，這些束縛都沒了耶！

宗教的束縛

封建的束縛

七點起床

家世

聯結

家庭的束縛

習慣的束縛

村裡的規矩

地方上的束縛

佛洛姆從**精神分析**（P104.）的角度，研究納粹時期的德國人，發現當時德國民眾具有「**權威性人格**」這種**社會性格**（P244）。他認為德國人當年會崇拜**納粹主義**，就是因為人們非常自由的緣故。

社會心理學

自由啦！

和旁人不再有緊密的聯結。自己的生活方式要由我自己一個人決定啊？我好焦慮、好孤單！我想找個歸屬。

村裡的規矩

進入現代之後，人類擺脫了種種束縛

自由令人孤獨而焦慮

好酷！讓我加入吧！

對絕對權力的嚮往，以及想服從絕對權力的欲望（受虐狂）覺醒

權威性人格誕生

可悲的是，人對權威、聯結、組織、團體、規則等不自由的熱愛，更勝於自由。

我不喜歡自由了！我想回到籠子裡去。

逃避自由

佛洛姆

轉成集體欺負弱者的欲望（施虐狂）

社會性格

定　義　在特定社會團體或文化中形成的性格傾向。
文　獻　《逃避自由》（佛洛姆）
摘　要　社會性格可分為生產性格與非生產性格，而非生產性格
　　　　當中又分為依賴性格、掠奪性格、囤積性格、市場性格。

佛洛姆針對社會、文化究竟為個人的思維模式或性格帶來哪些影響，進行了一番考察。後來，他又將這些因受到所屬社會的政治或經濟機制影響，而塑造出來的性格，稱為社會性格。**社會性格**又可分為生產性格和非生產性格。

非生產性格

佛洛姆將非生產性格的人分為以下①～④這四種類型。

①依賴性格（心態）

認為自己追求的事物，都是別人給的。
總是想被愛，想依賴別人的判斷。

②掠奪性格（心態）

認為自己想要的事物，都要從別人手中搶來。

244

③囤積性格（心態）

無法信任他人，便在自己四周築牆，用來保護寶貴的事物。

太棒了！
這是我的
世界！

今天大
家平均
分攤
喔！

基本上是
小氣鬼

我喜歡的東西很多。
所謂的愛，不是用來
給的，而是要
擁有。

說得好聽一點
是「節儉」

④市場性格（心態）

所有事物都換算成經濟（數量）價值來衡量，就連對自己和對別人也是如此。
一般認為是當代社會上人數最多的一群。

和他往來
感覺有利
可圖

伴侶的價值依據
旁人的評價
而定

美廿欲！

真好～

這份餐點的
熱量有多
少？

通常現代人的
性格是①～④
混合而成

フロム

社會心理學

生產性格

積極面對自己的角色，從事具創造力、有生產力的工作。
對人懷抱愛與信任，協助他人成長

負責為住的人
打造安全的家

我來幫
忙吧？

謝謝！

找回我們的生產性
格吧！哪怕只是
一點一點慢慢
來也好，畢竟
這樣還是比
較幸福。

佛洛姆認為，
人類本來都是具生產性格，
有生產力的人，
是社會（環境）改變了他們

佛洛姆

自我應驗預言

定　義	受到預言內容的影響，促使預言成真。
文　獻	《社會理論與社會結構》（墨爾頓）
摘　要	發生災害時人們搶買衛生紙的現象，也是一種自我應驗預言。這個概念對標籤理論（P248）留下了影響。

墨爾頓
P029

即使沒有什麼特別的根據，只要我們心想「○○會變好」，事情就會真的好轉；心想「○○會變差」，事態就會真的惡化。

社會心理學

接下頁

這是一種人類社會特有的現象，在自然界不會發生。例如人類即使**預言**（預測）了哈雷慧星的行進路線，實際上對它的行進路線應該不會造成任何影響。唯有人類會因為自己或他人的**預言**，而採取相應的行動，導致**預言**真的應驗。**墨爾頓**把這樣的現象，稱為自我應驗預言。

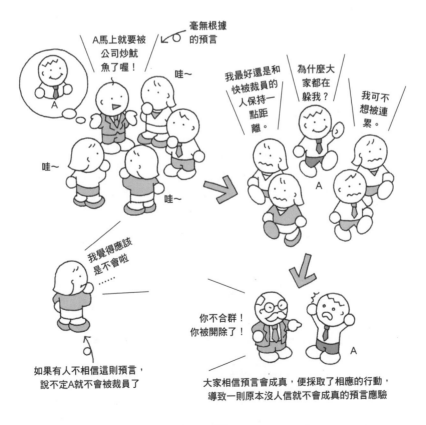

	# 標籤理論
	定　義　關注人為他人貼標籤、打分數的過程及其影響。
	文　獻　《局外人：偏差社會學研究》（墨爾頓）
貝克 P035	摘　要　一般大眾認為脫離社會常軌的負面標籤，就是所謂的污名（P250）。

貝克這位學者關注的焦點，不是犯罪等偏差行為的犯行者，而是旁人為犯下偏差行為者貼上「他是邊緣人」標籤的**過程（labeling）**。他的這一套思維，就是所謂的標籤理論。

如何看待「和配偶的女性發生關係」的行為

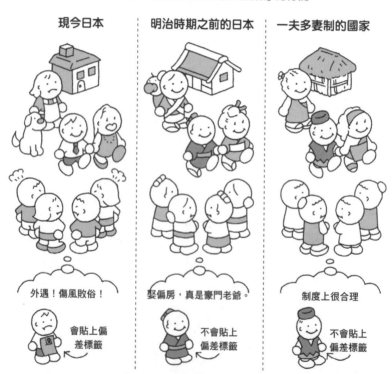

現今日本　｜　明治時期之前的日本　｜　一夫多妻制的國家

外遇！傷風敗俗！　娶偏房，真是豪門老爺。　制度上很合理

會貼上偏差標籤　　不會貼上偏差標籤　　不會貼上偏差標籤

「偏差」與否的評價，不在於行為本身，而是存在旁人的意識當中

「偏差」（犯罪或惡行）與否的評價，其實不在於行為本身，而是存在旁人（社會）的意識當中。

因此，「偏差」的定義會隨著時代或社會而隨時變化。一旦被旁人貼上「偏差」的標籤之後，被貼的人就會為自己塑造出「邊緣人」的自我認同，做出更多偏差行為。

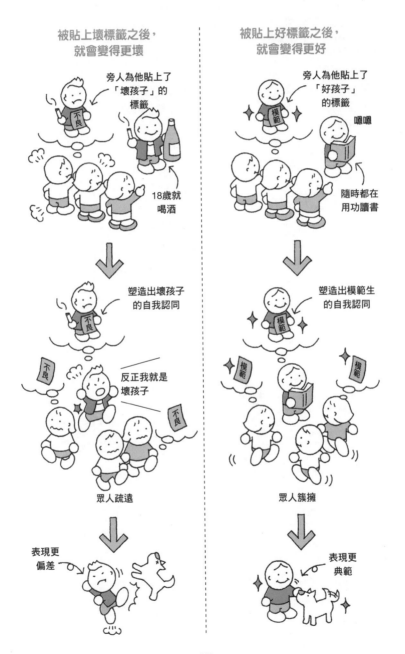

被貼上壞標籤之後，
就會變得更壞

旁人為他貼上了
「壞孩子」的
標籤

18歲就
喝酒

塑造出壞孩子
的自我認同

反正我就是
壞孩子

眾人疏遠

表現更
偏差

被貼上好標籤之後，
就會變得更好

旁人為他貼上了
「好孩子」
的標籤

嗯嗯

隨時都在
用功讀書

塑造出模範生
的自我認同

眾人簇擁

表現更
典範

污名

定　義	被認為是「脫離社會常軌」的印象標籤。
文　獻	《污名：管理受損身分的筆記》（高夫曼）
摘　要	高夫曼把會帶來負面效果的標籤稱為「污名」，並主張它會製造歧視、偏見和排擠。

高夫曼
P032

社會心理學

標籤（P248）可分為正面印象的標籤，和負面印象的標籤。在這兩者當中，高夫曼又特別把那些被認為是「脫離社會常軌」的負面印象標籤，稱為污名（stigma）。

認真！　誠實！

正面印象的標籤

偏差！　可怕！

污名
「脫離社會常軌」的印象標籤，
就是所謂的污名

根據高夫曼的說法，若因特質或屬性與旁人不同而受到歧視時，這些歧視本身並非污名。製造出「會因為某項特質而被眾人疏遠」這個情境的法則，才是污名。

特質或屬性本身並非污名，
所以「有污名的人」實際上並不存在。而所謂的「污名化」，
是指在某些社會關係當中，歧視某些特質或屬性的行為。

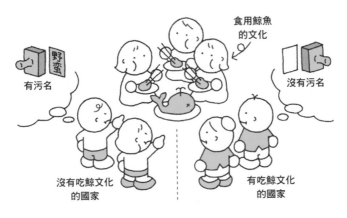

污名是社會製造出來的產物。因此，歧視那些被污名化的人或團體，有時是社會可接受的。

例如有些社會認為除了基督教，
其他宗教都很危險。

戲劇論

定 義	從「人在社會上都在扮演自己的角色，就像個演員一樣」的觀點，來探討人類的心理。
文 獻	《日常生活中的自我表演》（高夫曼）
摘 要	個人會隨著當下的狀況而改變自己的角色，且隨時都在變換。

高夫曼
P032

我們經常會為了給別人一個好印象，而做出一些刻意為之的舉動。這些舉動，就是所謂的自我呈現，又稱為印象管理。戲劇論的觀點，就是將這些舉動當作**演戲**，觀察日常生活劇場裡的演員——也就是人的表現。

從戲劇論觀點看學校

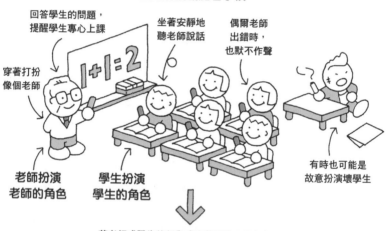

回答學生的問題，提醒學生專心上課

坐著安靜地聽老師說話

偶爾老師出錯時，也默不作聲

穿著打扮像個老師

老師扮演老師的角色

學生扮演學生的角色

有時也可能是故意扮演壞學生

若老師或學生的行為或穿著不符自己角色，「課堂」、「學校」等場域便無法成立。

嗚伊喔～

哇～哇～

哇！

角色距離

孩子像離家出走一樣，
抗拒自己的角色，
就是所謂的角色距離。

在日常生活中演戲，並不只是為了滿足個人需求，讓自己呈現出自己想要的樣貌而已。主管和部屬、老師和學生等，彼此依照自己的角色動作，才能讓自己置身的「職場」、「課堂」等場域的秩序得以成立。我們有時是**演員**，有時是看戲的**觀眾**，彼此不斷地交互作用，以維持社會的運作。

禮貌性忽視

在搭電梯等不自然的狀況下，
我們會對彼此演一場
「假裝不在意別人」的戲碼，
讓當下的場面維持平靜。

我們在搭乘擁擠的電車或電梯時，經常會和身旁的人相互飆戲，演一場「假裝不在意彼此」的戲碼。這種禮貌性忽視，也是日常秩序得以有條不紊的主因之一。

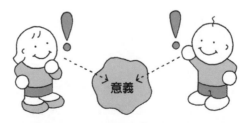

人們各自解讀事物的涵義，並根據這些解讀互動，
讓社會得以成立。這種戲劇論的觀點，又可稱為互動論。

社會交換理論

定　義	認為所有人際關係和社會行為的原理，都來自於交換。
文　獻	《社會行為：其基本形式》（荷曼斯）
摘　要	理論中的交換過程，是透過以操作制約（P074）為基礎的增強學習理論來描述，是一大特色。

荷曼斯等人
P028

社會學家**荷曼斯**認為，若把所有人際關係和社會行為拿來抽絲剝繭，會發現到最後其實都是**交換**。舉例來說，假設 A 送給 B 一份昂貴的禮物時，B 開心地對他露出了微笑。那麼在這份禮物與微笑**交換**的過程中，A 所消耗的能量，就是「付了一大筆錢」。

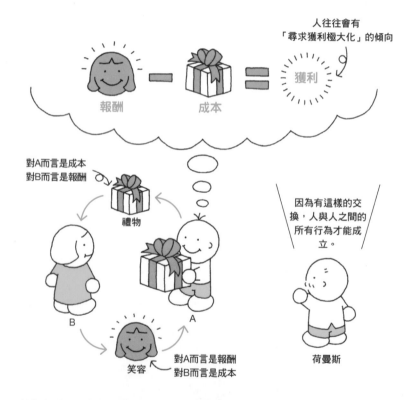

人往往會有「尋求獲利極大化」的傾向

報酬 － 成本 ＝ 獲利

對A而言是成本
對B而言是報酬

禮物

因為有這樣的交換，人與人之間的所有行為才能成立。

B　　　A

笑容

對A而言是報酬
對B而言是成本

荷曼斯

所有人際關係和社會行為的根本原理，都來自於這樣的**交換**──這樣的概念，就是所謂的社會交換理論。在**交換**時所付出的報酬，稱為（心理）成本；而收受到的價值，則是（心理）報酬；用報酬減去成本後所剩餘的價值，被稱為（心理）獲利。

與**荷曼斯**同樣闡揚**社會交換理論**的，還有**烏列爾‧佛亞**（Uriel G. Foa，1916～1990）和**艾德娜‧佛亞**（Edna B. Foa，1937～）。他們更具體地指出，人所**交換的**（**報酬、成本**），是**愛、服務、物品、金錢、資訊**和**地位**這六項。

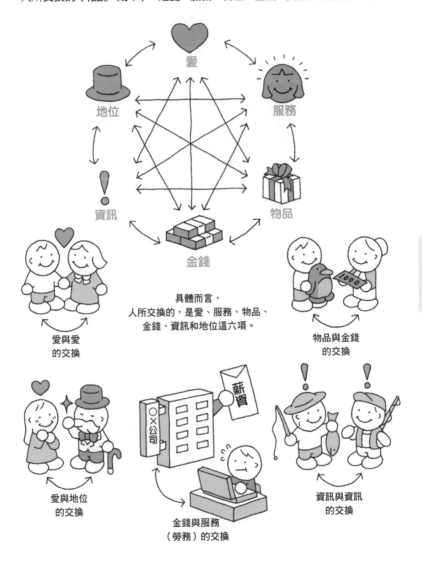

具體而言，
人所交換的，是愛、服務、物品、
金錢、資訊和地位這六項。

愛與愛
的交換

物品與金錢
的交換

愛與地位
的交換

金錢與服務
（勞務）的交換

資訊與資訊
的交換

社會交換理論當中指出，人往往都會呈現一種趨勢，那就是想盡量用最低的成本，爭取最高的報酬（尋求獲利極大化）。而社會之所以能成立，就是因為所有人都下意識地遵循這個心理傾向的緣故。

少數人影響力

定　義　少數人的影響力，足以改變多數方的意見。

文　獻　《社會影響與社會變化》（莫斯科維奇）

摘　要　在少數人影響力的論述當中，除了有莫斯科維奇主張的「由下而上創新」之外，還有荷連德（Edwin.P.Hollander）提出的「由上而下創新」。

莫斯科維奇等人
P033

在會議當中，通常都是**多數派**的意見會被採納。然而，有時**少數派**的意見也能撼動**多數派**——因為很多創新妙點子，都是從**少數派**的意見當中孕育出來的。這種**少數派**意見影響**多數派**的現象，就是所謂的少數人影響力（Minority Influence）。

少數人影響力①
莫斯科維奇的
由下而上創新

只要有一個人
從頭到尾都不動搖，
其他成員就會
漸漸受到影響

在**少數人影響力**的論述當中，除了有**莫斯科維奇**主張的「由下而上創新」之外，還有**荷連德**（Edwin.P.Hollander）提出的「由上而下創新」。

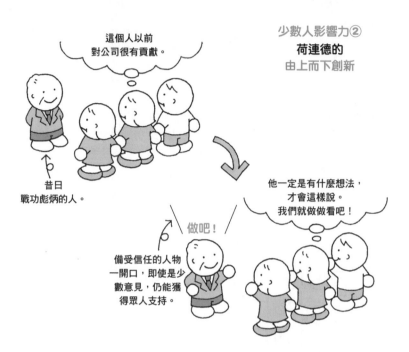

這個人以前對公司很有貢獻。

昔日戰功彪炳的人。

少數人影響力②
荷連德的
由上而下創新

他一定是有什麼想法，才會這樣說。我們就做做吧！

做吧！

備受信任的人物一開口，即使是少數意見，仍能獲得眾人支持。

所謂的**少數人影響力**，要由**少數人**秉持信念，不斷發聲表達意見，直到**多數派**人士願意相信時，就會見效。此時**多數派**人士對**少數意見**的贊同，就是出於自己的意願，而非**團體壓力**（P237）。

很好！我會幫忙！

做吧！

這個人很有理念。

就相信他看看吧！

做做看吧！

人會自然而然地贊同有理念的意見。

荷連德　莫斯科維奇

旁觀者效應

定　義	因為有旁觀者在場，使得眾人不願伸出援手。
文　獻	《不為所動的旁觀者：他為什麼不幫忙？》（拉坦那）
摘　要	林格曼（P019）所提出的林格曼效應（社會懈怠），和旁觀者效應的概念相似。

拉坦那
P037

1964年的某天深夜，在紐約的一處住宅區，有一位女性不幸遭人殺害。當時附近的大樓有很多目擊者，可是卻沒人願意對她伸出援手。**拉坦那**認為，這是因為「還有那麼多目擊者，就算我不幫，也一定會有人對她伸出援手」的心態作祟。而這就是所謂的旁觀者效應。

社會心理學

凱蒂・吉諾維斯命案

1964年的某天深夜，一位名叫凱蒂 吉諾維斯的女士，
在紐約的一處住宅區慘遭殺害，
當時竟沒有任何人願意為她伸出援手。
拉坦那認為，就是因為旁觀者的人數眾多，
才會導致凱蒂遇害。

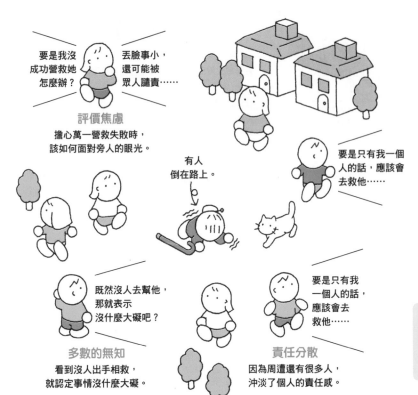

要是我沒成功營救她怎麼辦？

丟臉事小，還可能被眾人譴責……

評價焦慮
擔心萬一營救失敗時，該如何面對旁人的眼光。

有人倒在路上。

要是只有我一個人的話，應該會去救他……

既然沒人去幫他，那就表示沒什麼大礙吧？

多數的無知
看到沒人出手相救，就認定事情沒什麼大礙。

要是只有我一個人的話，應該會去救他……

責任分散
因為周遭還有很多人，沖淡了個人的責任感。

引發**旁觀者效應**有幾個原因，例如因為周遭還有很多人，便沖淡了個人的責任感，形成了責任分散；或是看到沒人出手相救，就認定事情沒什麼大礙，也就是所謂「多數的無知」，還有擔心萬一營救失敗時，該如何面對旁人的眼光，也就是即評價焦慮的概念。因此，當我們在呼救時，最好能鎖定一個特定人士，而非高喊「來人啊」，效果更佳。

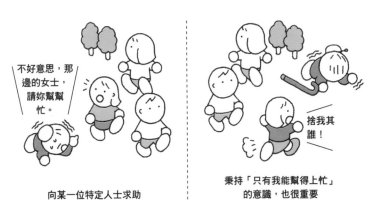

不好意思，那邊的女士，請妳幫幫忙。

捨我其誰！

向某一位特定人士求助

秉持「只有我能幫得上忙」的意識，也很重要

社會衝擊理論

定　義	有意尋求幫助的人，心態上往往會受到「人際衝擊」的影響。
文　獻	《社會衝擊的心理學》（拉坦那）
摘　要	人往往都想迴避強烈的人際衝擊。

拉坦那
P037

\ 怎麼 /
辦？

FREEZE

專家　主管　同事

該找誰商量？

該怎麼辦
才好？

我不
知道

知道這不是合適的人選，
但還是找上了能輕鬆開口
商量的人求助。

有狀況、鬧糾紛時，最確實的解決辦法，就是找該領域的專家諮詢。然而，我們常在找專家諮詢前，就先找交情深厚的同事或朋友商討——縱然我們知道這些人選並不合適。這是因為找位高權重的人諮詢，會讓我們覺得**有壓力（人際衝擊）**。而**拉坦那**就將這樣的現象，稱為社會衝擊理論。人即使是在需要幫助時，還是會想迴避**壓力**。

人際衝擊較強者

多數人

位高權重的對象　看得到的對象

人際衝擊較弱者

人往往會仰賴
他們

一個人

相談
Q&A

地位低的對象

諮詢Q&A
看不到的對象

社會認同

定　義	從個人所屬的團體中，去找尋自己究竟是誰。
文　獻	〈團體間歧視的心理學〉（泰弗爾）
摘　要	相反詞是個人認同（從自己的經驗和性格中找到自己是誰，而不是向團體尋求）。

泰弗爾
P030

人有時候會從自己「屬於什麼**團體**」，去找尋自己是誰，而不是看自己的**個人**經驗或性格。這樣的認同，就是所謂的社會認同。

只要在所屬的團體中獲得好評，
社會認同（「自我認同就在自己
所屬的團體裡」的觀念）就會增強

自己在所屬團體裡得到的肯定越多，**社會認同**就越強。

不過，倘若缺乏個人**認同**，個人的**身分認同**就會完全由**社會認同**組成，如此一來，可能會引發個人對**非我族類**的偏見，或是對個性與眾不同者的歧視。

內團體偏誤

定　義　友善看待自己所屬團體的一種心智運作。

文　獻　〈社會分類與團體間的行為〉（泰弗爾）

摘　要　自己的家人、公司、學校、社團同好、自己出身的故鄉、母校、居住地的人等，就是所謂的內團體。

泰弗爾
P030

個人清楚知道自己是其一份子的團體，稱為內團體；除此之外的團體，則稱為外團體。人對於**內團體**往往會抱持較友善的態度，這就是所謂的內團體偏誤。

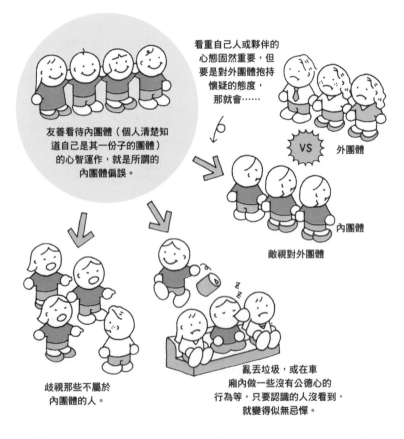

看重自己人或夥伴的心態固然重要，但要是對外團體抱持懷疑的態度，那就會……

友善看待內團體（個人清楚知道自己是其一份子的團體）的心智運作，就是所謂的內團體偏誤。

VS

外團體

內團體

敵視對外團體

歧視那些不屬於內團體的人。

亂丟垃圾，或在車廂內做一些沒有公德心的行為等，只要認識的人沒看到，就變得似無忌憚。

內團體偏誤可說是一種很自然的人之常情。不過，有時**內團體偏誤**可能變質為貶抑，讓人瞧不起那些**不屬於內團體**的非我族類，進而發展成偏見或歧視。

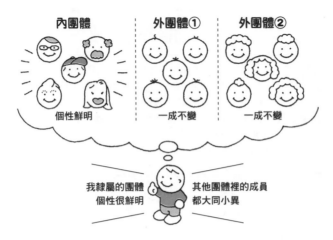

人往往看得見**內團體**裡每個成員不同的特質，卻覺得**外團體**的成員都大同小異。這樣的現象，就是所謂的外團體同質性效應。**外團體同質性效應**有時也會是引發偏見或歧視的推手。

服從權威

米爾格蘭
P036

定　義　屈服於威權之下，做出違反個人意志的行為。

文　獻　《服從權威：有多少罪惡，假服從之名而行？》（米爾格蘭）

摘　要　人覺得遵循主管指令的自己，其實已跳脫了自己，成為主管的代理人，所以才願意遵循主管下達的任何指令——這就是所謂的代理人心態。

米爾格蘭曾做過一項實驗，用來了解人在面對權威者的的命令時，會採取什麼樣的行動（米爾格蘭實驗）。結果發現，凡是權威者所下達的命令，哪怕內容再怎麼殘忍，絕大部分的人還是會聽命行事（服從權威）。

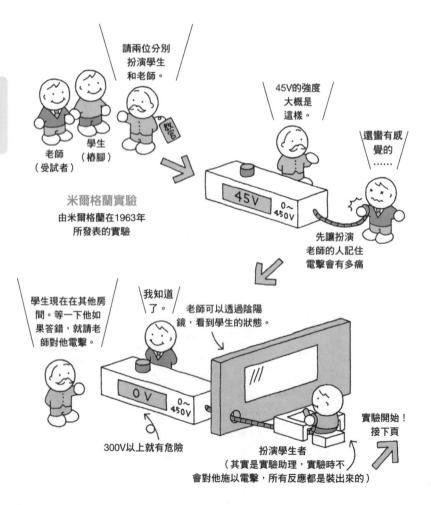

請兩位分別扮演學生和老師。

45V的強度大概是這樣。

還蠻有感覺的……

老師（受試者）　學生（樁腳）

米爾格蘭實驗
由米爾格蘭在1963年所發表的實驗

先讓扮演老師的人記住電擊會有多痛

學生現在在其他房間。等一下他如果答錯，就請老師對他電擊。

我知道了。

老師可以透過陰陽鏡，看到學生的狀態。

300V以上就有危險

扮演學生者
（其實是實驗助理，實驗時不會對他施以電擊，所有反應都是裝出來的）

實驗開始！接下頁

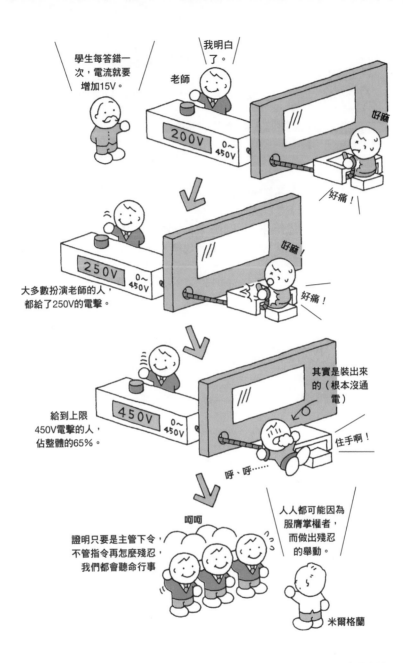

這個實驗，其實是為了檢驗**阿道夫·艾希曼**（1906～1962）等參與屠殺猶太人的納粹戰犯，在犯行當時的心態，因此又被稱為**艾希曼實驗**。從這個實驗當中，我們可以看出艾希曼等**納粹**戰犯並非喪心病狂，他們都是極其平凡的普通人。

小世界現象

定　義	兩個人的朋友和朋友之間，到第六個人就會彼此串聯。
摘　要	「六度分隔」、「小世界」等詞彙，也經常被拿來用於討論陌生人在社群網站上的聯結。

米爾格蘭
P036

順著「朋友的朋友」這條線往下接，連到第六個人時，就可以聯結到世界上的任何人──這就是所謂的六度分隔。**米爾格蘭**藉由實驗的方式，檢驗了這個說法。世界上任兩個人之間，都只要透過極少數的人，就可以串聯起來。這樣的現象，就是所謂的**小世界現象**。

米爾格蘭的小世界實驗

接右頁

社會心理學

承上頁

請把它交給一個叫Y的人。

C

D

C在X地區常光顧一家餐廳，D是餐廳的店員。

人在面對未知事物之際，往往把事情想得太廣、太大、太強、太多。

米爾格蘭

E是D店裡的客人，也是大企業的總經理

哦，Y是吧？OK。

請把它交給一個叫Y的人。

D

E

Y，這是要給你的信

傳到第六人手上時送達

E

Y

小世界現象

世界上的兩個人若要串聯起來，中間所隔的人數，其實沒有我們想像的那麼多。

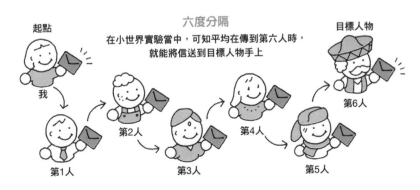

由此可知，人在**心理**上把這個世界想得太**廣闊**，超越了現實。

六度分隔

在小世界實驗當中，可知平均在傳到第六人時，就能將信送到目標人物手上

起點

我

第1人

第2人

第3人

第4人

第5人

目標人物

第6人

社會心理學

熟悉的陌生人

定　義	曾見好幾次，但從未有過直接交流的人物。
文　獻	《社會世界中的個人》（米爾格蘭）
摘　要	米爾格藍認為每個人平均會有四個「熟悉的陌生人」。

米爾格蘭
P036

曾見過好幾次，但從不曾交談的陌生人，例如通勤搭車時常看到的人等，就是所謂的「熟悉的陌生人」。**米爾格蘭**認為，熟悉的陌生人其實對彼此都感興趣，只是沒有結識的機會。據說在天災、意外發生時，「熟悉的陌生人」是很容易對彼此伸出援手的一種關係。

社會心理學

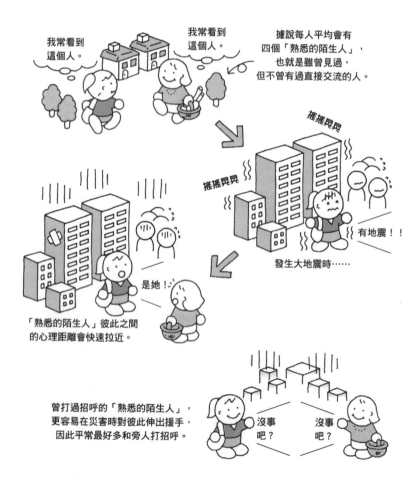

我常看到這個人。

我常看到這個人。

據說每人平均會有四個「熟悉的陌生人」，也就是雖曾見過，但不曾有過直接交流的人。

搖搖晃晃

搖搖晃晃

有地震！！

發生大地震時……

是她！

「熟悉的陌生人」彼此之間的心理距離會快速拉近。

曾打過招呼的「熟悉的陌生人」，更容易在災害時對彼此伸出援手，因此平常最好多和旁人打招呼。

沒事吧？

沒事吧？

去個人化

定　義	個人的自我認同在群眾之中被掩蓋的狀態。
文　獻	《路西法效應》（金巴多）
摘　要	儘管有時去個人化會引發不負責任的攻擊行為，但在團隊合作之際，它有時會是一種必要的心理傾向。

金巴多
P036

金巴多的匿名性與攻擊性實驗

蒙面受試者，扮演老師

啪滋！ 啪滋！ 啪滋！

這是考零分的處罰。

強力電流

未蒙面的受試者，扮演老師

啪滋！

這是考零分的處罰。

微弱電流

相較於未蒙面者，蒙面扮演老師的受試者，
給學生的處罰更嚴厲。

自己的特色在社會或團體中被掩蓋，就是所謂的去個人化。被去除個人化後，人對社會的**角色意識**就會轉淡，容易衝動地做出不負責任的行為。**金巴多**透過實驗，檢驗是否只要匿名，人就會化身為**惡魔**（路西法）。

去個人化之後，人會變得不負責任又衝動

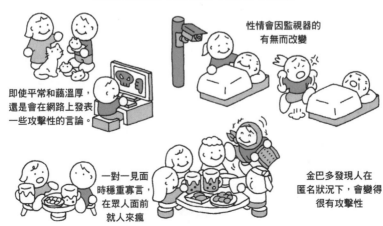

即使平常和藹溫厚，還是會在網路上發表一些攻擊性的言論。

性情會因監視器的有無而改變

一對一見面時穩重寡言，在眾人面前就人來瘋

金巴多發現人在匿名狀況下，會變得很有攻擊性

史丹佛監獄實驗

定　義	金巴多主持的模擬監獄實驗，研究服從議題。
文　獻	《路西法效應》（金巴多）
摘　要	這項研究，日後成為要求社會心理學重視研究倫理的轉
	捩點。不過，也有一說認為這項實驗是「配合造假」。

金巴多
P036

當擁有**權力**的人，和沒有權力的人共處在一個空間時，有權者就會開始對無權者施暴——金巴多透過實驗，證明了這一點（史丹佛監獄實驗）。特別值得一提的是，在實驗中我們發現：只是賦予權力，就會讓人失去理性，與個人的性格無關。

史丹佛監獄實驗

1971年，在金巴多的指導下，
於史丹佛大學心理系進行了這項實驗。
結果發現人的行為是取決於所處的環境，
而非個性使然。

隨機找來
的學生。

接下來要請各
位參與一
項實驗。

接下來要請各
位參與一
項實驗。

請各位扮
演囚犯

請各位扮
演囚犯

讓扮演囚犯
的學生穿上囚衣，
用囚犯編號稱呼他們，
上廁所時須取得
獄卒同意。

實驗開始
接下頁

讓扮演獄卒的
學生穿上制服，戴墨鏡，
配哨子、警棍、手銬和鑰
匙，要求他們監視囚犯。

社會心理學

囚犯

獄卒

接下來這兩週，就請各位扮演好自己的角色。

一號，給我安靜！二號，不准笑！

起初獄卒對於命令囚犯感到有些遲疑，後來他們面對犯人的表現，超越了最初賦予這個角色的權力。

扮演獄卒的學生當中，甚至還有人抗議，說「這和原先講好的不一樣」……

獄卒越來越高壓拔扈，有些扮演囚犯的同學，開始出現精神方面的問題。

中止實驗。

金巴多認為繼續操作下去，恐怕會發生危險，便在開始的六天後，宣佈中止這項原本預計進行兩週的實驗。

人在掌握權力後，即便知道這是個實驗，仍會展現出強烈的控制欲，而無權者則是服從掌權者指示。

金巴多

性格心理學

性格

奧波特等人
P024

摘　要　性格（character，語源是「刻在某處的東西」）這個詞，帶有「天賦」的意涵；而個性（personality，語源是「面具」（persona））則有較強的「社會性」色彩。不過，性格、氣質、個性、人格等詞彙的定義模糊，也有很多人把它們全都統稱為性格。

性格心理學

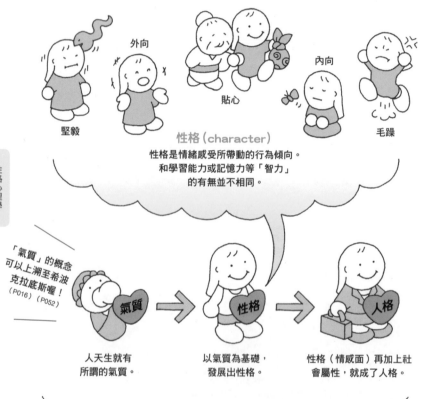

外向

內向

貼心

堅毅　　　　　　　性格（character）

性格是情緒感受所帶動的行為傾向。
和學習能力或記憶力等「智力」
的有無並不相同。

毛躁

「氣質」的概念
可以上溯至希波
克拉底斯喔！
（P016）（P052）

氣質　→　性格　→　人格

人天生就有
所謂的氣質。

以氣質為基礎，
發展出性格。

性格（情感面）再加上社
會屬性，就成了人格。

在性格當中加入社會性的元素，就是所謂的個性或人格，
但也有人把個性或人格稱為性格。

有一派論述認為，**情感面向**的**特質**，例如**外向**、**堅毅**等，與學習能力或記憶力等**智力面向**的特質不同，是以「氣質」這項與生俱來的因素為基礎，所發展出來的。而從氣質發展出來個人行為傾向，就是所謂的性格（character）。以性格為基礎，再結合**後天養成的社會屬性**，就是所謂的個性（personality），或可稱為人格。

類型論 | 特質論

奧波特等人
P024

定　義　類型論是以「質」來劃分性格，特質論則是以「量」來劃分性格。所謂的特質，是人處在各種不同狀況下，所呈現的一貫行為傾向。而在特質論當中，則認為性格是特質的集合體。

摘　要　在講求實證的性格分類學當中，是以特質論為主流。

在用來「剖析個人性格」的概念方面，心理學主要有兩個流派。一派是將**性格**分為幾種不同類型的類型論，由**榮格**（P020）等人所提出；另一派是以**奧波特**為開山始祖的特質論。**特質論**是分析人的**行為傾向**（特性），計算出**社交性**＝ 4、**攻擊性**＝ 2、**誠懇度**＝ 5 之類的結果，也就是透過**量化**方式來探討性格的一種概念。

性格類型論

例：克萊什默的三種氣質（P276）

分裂氣質型　躁鬱氣質型　黏膩氣質型

將性格分為
不同類型（質）的概念。

榮格
P110
我把性格分為內向型和外向型。

克萊什默
P276
我把性格分為三類。

薛爾頓
P277
我把性格分為三類。

斯普朗格
P278
我把性格用不同價值觀來分類。

性格特質論

例：五大性格特質（P281）

神經質
開放性
勤勉正直性
親和性
外向性

分析人在各項特質上的數值，是試圖以
量化方式來探討性格的一種概念。

奧波特
我是最早提出特質論的人。

卡泰爾
P280
我列出了16項特質。

艾森克
P279
我把特質聚焦到3項。

戈登柏格
P281
我列出了5項特質。

克萊什默 P023	定　義　認為氣質（與生俱來的特質）是性格的核心，並提出性格（氣質）與體型相關的三種型態。是一種類型論。 文　獻　《生理與性格》（克萊什默） 摘　要　以性格和體型為指標所做的分類，目前不受心理學界青睞。

克萊什默的三種氣質

精神分析學家**克萊什默**從自己的臨床經驗中，發現被診斷出有躁鬱症的人，身材多為肥短型；思覺失調症的人則多為瘦長型。他認為這種趨勢也可套用在一般人身上，便將人的個性分為**三種類型**，也就是分裂氣質型、躁鬱氣質型和黏膩氣質型（類型論，P275），並指出它們與**體型**之間的關聯。

性格心理學

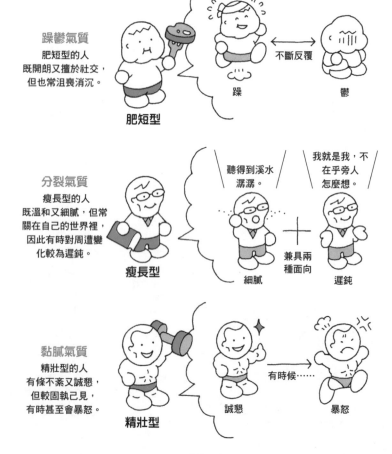

躁鬱氣質
肥短型的人
既開朗又擅於社交，
但也常沮喪消沉。

肥短型

不斷反覆

躁　　鬱

分裂氣質
瘦長型的人
既溫和又細膩，但常
關在自己的世界裡，
因此有時對周遭變
化較為遲鈍。

瘦長型

聽得到溪水
潺潺。

我就是我，不
在乎旁人
怎麼想。

兼具兩
種面向

細膩　　遲鈍

黏膩氣質
精壯型的人
有條不紊又誠懇，
但較固執己見，
有時甚至會暴怒。

精壯型

誠懇

有時候……

暴怒

薛爾頓
P025

胚層起源論

定　義　認為「體格與氣質之間具有關聯性」的類型論。

文　獻　《多種氣質》（薛爾頓）

摘　要　「克萊什默的三種氣質」是以精神疾病患者為研究基礎，而薛爾頓則是針對「沒有精神疾病的人」進行統計，並以此為觀察重點。

將**克萊什默**（P023）的**類型論**（P075）又再發揚光大的是**薛爾頓**。他實際測量了四千位男同學的體格，並將這些人的體型分為三類，也就是所謂的內胚層型、外胚層型和中胚層型，並列舉出相對應的氣質，分別為內臟緊張型、頭腦緊張型和身體緊張型。

內臟緊張型

內胚層發達的肥短型人士，消化器官等內臟的功能運作相當活絡。他們具有擅於社交、待人溫暖的性格。

包在我身上！

肥短型=**內胚層型**

頭腦緊張型

外胚層發達的瘦高型人士，大腦等神經系統的功能運作相當活絡。他們具有心思細膩、懂得為人著想的性格。

處處顧慮別人，實在太辛苦，所以我喜歡獨處。

瘦高型=**外胚層型**

身體緊張型

中胚層發達的精壯型人士，骨骼、肌肉等的功能運作相當活絡。他們具有劍及履及、堅忍不拔的性格。

目標是要拿第一！

精壯型=**中胚層型**

性格心理學

斯普朗格
P021

價值類型論

定　義　用不同價值觀來為性格分類的類型論。

文　獻　《生活型式》（斯普朗格）

摘　要　斯普朗格是德國的哲學家，他把人依照生活型式與重視的價值，分成了六種類型。

多數的類型論都主張，人的性格有很大一部分是先天決定的。可是，斯普朗格提出的價值類型，是用後天形成的價值觀，來為人進行分類。和懷抱相同價值觀的人在一起，彼此較容易相互理解；這對價值觀不同的人而言，難度就比較高。

我重視的價值是追求真理，凡事都以邏輯思考。

①理論型

我重視的價值是追求美善，凡事都從情感的角度來看待。

②審美型

我重視的價值是效率，凡事都以利弊得失來思考。

③經濟型

我重視的價值是出人頭地，我想掌管眾人。

④政治型

我是純潔的人，重視的價值是神聖，關注宗教事務。

⑤宗教型

我重視的價值是利他利人，認為愛就是一切。

⑥社會型

性格的三個向度

定　義　用三個向度來掌握性格特性（要素）的特性論。

文　獻　《MPI：毛德斯里人格量表》（艾森克）

摘　要　起初艾森克只用兩個向度來說明人的性格，後來又加入了「精神病質」，成為三個向度。

艾森克
P030

情緒不穩定

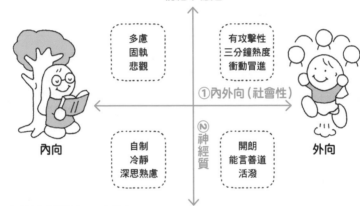

多慮
固執
悲觀

有攻擊性
三分鐘熱度
衝動冒進

①內外向（社會性）

②神經質

內向

自制
冷靜
深思熟慮

開朗
能言善道
活潑

外向

奧波特在特質論（P275）當中，
列舉出了無數個性格特質；
而艾森克的特質論，則是將特質
聚焦在①內外向和②神經質
這兩個向度（四個分類）上
（後來又追加了一個特質，
形成三個向度）。

情緒穩定

性向
測驗

檢測結果

艾森克認為，人的性格是由「**內向或外向**」和「**情緒穩定與否**」這兩個基本**特質**（因素）所構成。只要看這兩個特質表現在外的程度多寡，就能知道個人的性格如何（性格的兩個向度）。後來他又在原本的兩個特質之外，加入了精神病質（躁鬱—思覺失調）這個特質，形成了**三個向度**（三因素）（性格的三個向度）。

目前是請受測者回答
80道題目，以檢測
受測者的性格。
（MPI P285）

十六種人格因素論

卡泰爾
P027

| 定　義 | 用藏在表面特質背後的十六種潛源特質（聰慧性、恃強性、興奮性、敢為性、敏感性、憂慮性、懷疑性、世故性、緊張性等十六項因素），勾勒出個人性格的特質論。 |
| 文　獻 | 《性格的科學分析》（卡泰爾） |

卡泰爾認為，透過釐清一些外部觀察不到的潛源特質（基本特質），就能了解個人的性格。他提出了**十六種因素**來作為**潛源特質**，並計算出每個項目的強度，以量測人的性格（十六種人格因素論）。

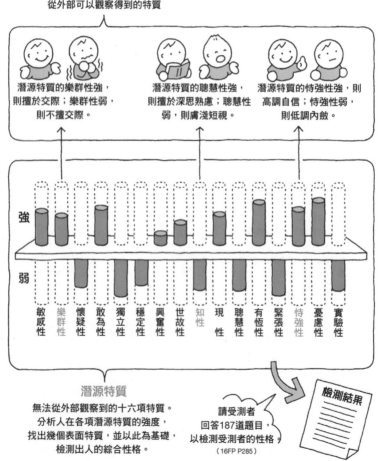

表面特質
從外部可以觀察得到的特質

潛源特質的樂群性強，則擅於交際；樂群性弱，則不擅交際。

潛源特質的聰慧性強，則擅於深思熟慮；聰慧性弱，則膚淺短視。

潛源特質的恃強性強，則高調自信；恃強性弱，則低調內斂。

強

弱

敏感性　樂群性　懷疑性　敢為性　獨立性　穩定性　興奮性　世故性　知性　現性　聰慧性　有恆性　緊張性　恃強性　憂慮性　實驗性

潛源特質
無法從外部觀察到的十六項特質。
分析人在各項潛源特質的強度，
找出幾個表面特質，並以此為基礎，
檢測出人的綜合性格。

檢測結果

請受測者
回答187道題目，
以檢測受測者的性格。
（16FP P285）

五大性格特質理論

定　義	想像「別人如何看待自己」的概念。
文　獻	《外顯型性格特質的結構》（戈登柏格）
摘　要	除了戈登柏格之外，保羅・柯斯塔（Paul Costa）和羅伯・麥可瑞（Robert R. McCrae）等心理學家也都主張五大性格特質理論。

戈登柏格等人
P035

在**特質論**（P275）當中，廣受許多心理學家擁戴的，是由**戈登柏格**所主張的五大性格特質理論（Big Five）。這個理論當中，包括了外向性、親和性、勤勉正直性、神經質、開放性這五項特質因素。戈登柏格等學者認為，人的性格就是由這**五項特質因素**所構成。

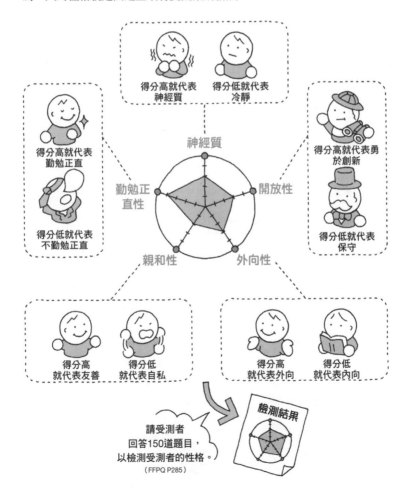

得分高就代表
神經質

得分低就代表
冷靜

得分高就代表
勤勉正直

得分低就代表
不勤勉正直

得分高就代表勇
於創新

得分低就代表
保守

神經質

開放性

勤勉正直性

親和性

外向性

得分高
就代表友善

得分低
就代表自私

得分高
就代表外向

得分低
就代表內向

檢測結果

請受測者
回答150道題目，
以檢測受測者的性格。

（FFPQ P285）

281

挫折容忍力	
定 義	忍受挫折的能力。
文 獻	《攻擊行為與挫折圖形研究》（羅森茲威格）
摘 要	所謂的「挫折」，是指個人的欲望被阻擋，心理上得不到滿足的狀態。

羅森茲威格
P028

即使遭逢不如意也能堅持忍耐，不會煩躁焦慮的能力，就是所謂的挫折（frustration）容忍力。適度的挫折經驗，可培養出更高的**挫折容忍力**。

多次接受適度的挫折，
可培養出更高的
挫折容忍力。

一般認為，**挫折容忍力**較低的孩子，容易出現反社會行為。不過，這樣的**容忍力**，在孩子切身感受到自己受人疼愛，或建立自尊心後，就會隨之提升。

性格心理學

羅森茲威格認為，想了解一個人性格，可以分析他面對**挫折**時會出現什麼樣的反應。在**特質論**（P275）當中，也有像這樣特別關注單一**因素**（特質），進而從中推導出性格的論述。

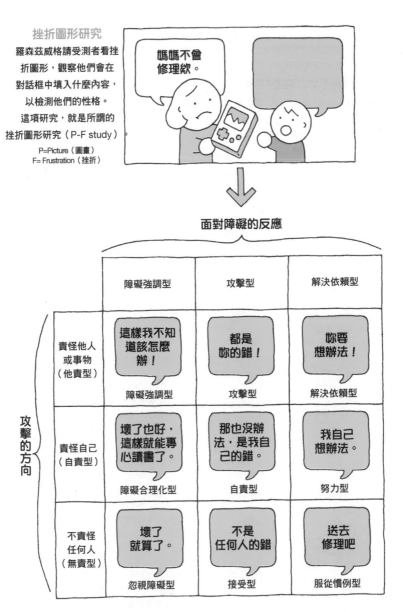

挫折圖形研究

羅森茲威格請受測者看挫折圖形，觀察他們會在對話框中填入什麼內容，以檢測他們的性格。

這項研究，就是所謂的挫折圖形研究（P-F study）
P=Picture（圖畫）
F= Frustration（挫折）

媽媽不會修理欸。

面對障礙的反應

	障礙強調型	攻擊型	解決依賴型
責怪他人或事物（他責型）	這樣我不知道該怎麼辦！ 障礙強調型	都是妳的錯！ 攻擊型	妳要想辦法！ 解決依賴型
責怪自己（自責型）	壞了也好，這樣就能專心讀書了。 障礙合理化型	那也沒辦法，是我自己的錯。 自責型	我自己想辦法。 努力型
不責怪任何人（無責型）	壞了就算了。 忽視障礙型	不是任何人的錯 接受型	送去修理吧 服從慣例型

攻擊的方向

依受試者面對障礙的反應和攻擊的方向，將性格分為九類

283

羅夏克等人
P021

性格測驗

摘　要　每一種性格測驗都各有優缺點。例如問卷法執行方便簡單，卻也能造假；至於投射法的回答，即使造假也沒有意義，不過它的評量結果會因施測者而有所不同，無法驗證信度和效度。

性格測驗是用來客觀掌握**性格**的一種工具。主要的性格測驗形態，包括①觀察法、②晤談法、③實作評量法、④問卷法和⑤投射法。

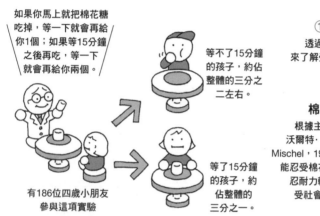

如果你馬上就把棉花糖吃掉，等一下就會再給你1個；如果等15分鐘之後再吃，等一下就會再給你兩個。

有186位四歲小朋友參與這項實驗

等不了15分鐘的孩子，約佔整體的三分之二左右。

等了15分鐘的孩子，約佔整體的三分之一。

①觀察法
透過行為觀察，來了解受測者的性格。

【例】
棉花糖實驗
根據主持這項實驗的沃爾特‧米歇爾（Walter Mischel，1930～2018）表示，能忍受棉花糖誘惑的孩子，忍耐力較強，日後成了受社會肯定的大人。

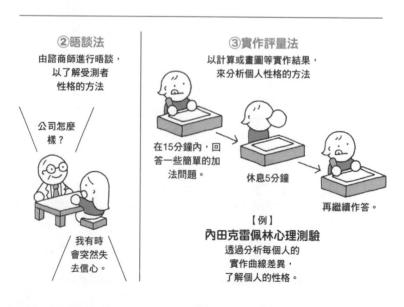

②晤談法
由諮商師進行晤談，以了解受測者性格的方法

公司怎麼樣？

我有時會突然失去信心。

③實作評量法
以計算或畫圖等實作結果，來分析個人性格的方法

在15分鐘內，回答一些簡單的加法問題。

休息5分鐘

再繼續作答。

【例】
內田克雷佩林心理測驗
透過分析每個人的實作曲線差異，了解個人的性格。

性格心理學

④問卷法

以「是」、「否」形式在問卷上作答，再透過答案檢測性格的方法

【例1】
五大人格因素測驗
（FFPQ）

在日本，這項測驗大多是回答150道題目。

對應五大性格特質理論
（P281）。

【例2】
矢田部基爾福特性格測驗
（Y-G性格測驗）

這項測驗需回答120道題目。

在基爾福特的特質論當中，將性格分為「客觀性」、「親和性」等12種。本測驗就是參考這份論述編訂而成。

【例3】
毛德斯理人格量表
（MPI）

這項測驗需回答80道題目。

對應艾森克的特質論
（P275）。

【例4】
卡氏十六種人格因素測驗
（16FP）

這項測驗需回答187道題目。

對應卡泰爾的特質論
（P275）。

---

⑤投射法

分析受測者在看過圖案之後所想到的內容，以了解受測者性格的一種方法

【例1】
羅夏克墨漬測驗

分析受測者從左右對稱的墨漬中連想到的內容，藉以了解受測者的性格或深層心理。

【例2】
羅氏挫折圖形研究 (P283)

錯在你身上

請受測者看挫折圖形，觀察他們會在對話框中填入什麼內容，以了解他們的性格。

【例3】
卡爾科的畫樹（Baum）測驗

觀察受測者如何畫出一株已結果的樹，來探究人的性格與深層心理。由卡爾科（1906～1958）將這一套測驗系統化。

巴納姆效應

定　義	將適用於任何人的性格描述，誤以為只適用於自己。為紀念提出這個論述的佛瑞，故也稱為佛瑞效應。
摘　要	「巴納姆效應」是心理學家佛瑞參考了馬戲團老闆費尼爾司・巴納姆的宣傳詞「人人都能樂在其中」，所訂定的名稱。

佛瑞
P029

目前沒有任何科學研究結果顯示血型與性格有關。然而，日本會有這麼多人相信血型性格分類的說法，想必是因為很多人認為這種**類型論**（P275）很準確的緣故。這個趨勢，與「巴納姆效應」這個心理現象有著密不可分的關係。

性格心理學

佛瑞主持的巴納姆效應實驗

進行心理測驗

檢測結果
（每位受測者收到的結果都一樣）

你平常表現得很活潑開朗，
但內心有時不免感到焦慮。
你想被肯定，可是卻不時批評自己。
你可以克服得了自己的弱點，
你還有一些才華尚未完全發揮出來。
你有自己的想法，
不必一下子就接受別人的意見。
你的心願當中，有些不切實際的部份。
你……

心理學家佛瑞參考占星運勢文章，
寫下了這篇檢測結果（每位受測者都收到同樣內容的文章）。看過這篇解析文之後，幾乎所有受測者都認為測驗很準確。

好準！

好準！

好準！

所謂的**巴納姆效應**，就是將適用於任何人的性格描述，誤以為只適用於自己。佛瑞透過實驗，證明了它的效果（左圖）。

此外，「確認偏誤」這種**認知**的扭曲，也是血型或其他各類占卜廣受大眾擁戴的原因之一。所謂的**確認偏誤**，是一種人類常有的心態——當我們面對自己相信的事物時，就會選擇蒐集當中對自己有利的資訊，忽略那些對自己不利的資訊。

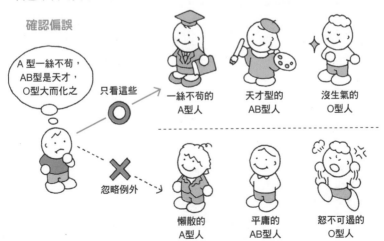

需求層次理論

定　義	將人類的需求分為五個階段，並以發展階層構造來呈現的一套論述。
文　獻	《動機與人格：馬斯洛的心理學講堂》（馬斯洛）
摘　要	相對於行為主義（P072）和精神分析（P104）的論述，馬斯洛等人推動了重視人類主體性的第三次心理學思潮，提出了人本心理學的論述。

馬斯洛
P028

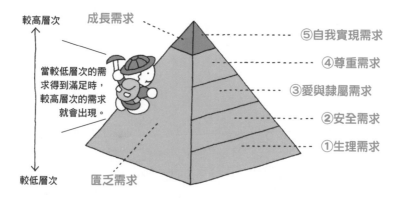

較高層次　成長需求　　　　　　　　　⑤自我實現需求
　　　　　　　　　　　　　　　　　　　④尊重需求
當較低層次的需求得到滿足時，較高層次的需求就會出現。　③愛與隸屬需求
　　　　　　　　　　　　　　　　　　　②安全需求
　　　　　　　　　　　　　　　　　　　①生理需求
較低層次　匱乏需求

馬斯洛將人類的需求分為**五個階段**（需求層次理論）。根據他的這一套理論，人最基本的需求，是食慾等方面的生理需求。

①生理需求

想睡覺　　想吃東西　想排泄　　WC

當**生理需求**達到一定程度的滿足之後，**安全需求**就會應運而生。

②安全需求

只要有家就安心。　　只要穿暖就安心。　　只要常運動就安心。

性格心理學

288

當**安全需求**獲得滿足之後，愛與隸屬需求就會應運而生，例如想追求與家人、夥伴之間的親和關係，或想隸屬於某些團體等。

③愛與隸屬需求

想得到
家人的愛。

想交朋友。

想隸屬於
企業組織。

當**愛與隸屬需求**獲得滿足之後，接著會出現的是尊重需求，也就是想獲得他人肯定，贏得他人尊敬或尊重等。這個層次的需求，會透過取得某些物品，或是藉由贏得他人肯定，來緩解心中的緊張，並獲得滿足。

④尊重需求

想贏得尊敬！

諾貝爾獎

啪啪啪

啪啪啪

啪啪啪

想獲得肯定！

好棒！

好棒！

好棒！

這些需求都獲得滿足之後，人最終會想達成一些更具創造性的目的，於是便萌生**自我實現需求**（P290）。

⑤自我實現需求

我想為和平
做出更多貢
獻。

我想用更有
創意的方式
演奏。

	自我實現需求
	定　義　充分開發出自己的潛能，實現自我。
	文　獻　《邁向存在心理學》（馬斯洛）
馬斯洛 P028	摘　要　當我們為了實現自我，而忘我地專注於投入某事時，所 體驗到的愉悅經驗，就是所謂的高峰經驗。

舉例來說，即使我們一開始是為了想贏得肯定而努力練習彈鋼琴，但進步到一定程度之後，彈琴這件事本身就會變得很令人愉快。如此一來，我們就會想演奏出更悠揚的琴聲，想呈現一些更具創意的詮釋。

想贏得肯定！

來努力練鋼琴吧！

尊重需求
（P289）

鏘！

PIANO CONTEST

好感動！　太棒了！　好精彩！

接下頁

這是一種想讓自己的精神成長的需求，跟他人的評價無關。這種需求就稱為自我實現需求。

承前頁

更悠揚，
更有創意，
更扣人心弦。

自我實現的需求
對自我成長的渴盼，
更勝於追求他人的肯定。

自我實現需求，會
在人類需求的第五
個階段出現。
（P288）

我自由自在！

高峰經驗
忘我（忘情）地專注於某件事時的所體驗到
的愉悅經驗，就是所謂的高峰經驗
（又稱為心流經驗）。

馬斯洛

這就是我的
生存之道。

自我實現

性格心理學

馬斯洛把人類的終極需求稱為**自我實現需求**。他主張人在全力以赴，專心投入某件事，並體悟到自己人生真正的目標為何時，就可藉由高峰經驗來達成自我實現。

主要參考文獻

※ 用語的出處原典已刊載於主題詞彙下方「文獻」處

《心理學辭典》中島義明、子安增生、繁桝算男、箱田裕司、安藤清志、坂野雄二、立花正夫編　有斐閣

《心理學小辭典》（有斐閣小辭典系列）大山正、藤永保、吉田正昭編　有斐閣

《社會心理學關鍵字》（有斐閣雙書 KEYWORD SERIES）山岸俊男編　有斐閣

《認知心理學關鍵字》（有斐閣雙書 KEYWORD SERIES）森敏昭、中條和光編　有斐閣

《臨床心理學關鍵字》（有斐閣雙書 KEYWORD SERIES）坂野雄二編　有斐閣

《發展心理學關鍵字》（有斐閣雙書 KEYWORD SERIES）內田伸子編　有斐閣

《心理學》（New Liberal Arts Selection）無藤隆、遠藤由美、玉瀨耕治、森敏昭著　有斐閣

《認知心理學》（New Liberal Arts Selection）箱田裕司、都築譽史、川畑秀明、萩原滋著　有斐閣

《臨床心理學》（New Liberal Arts Selection）丹野義彥、石垣琢麿、毛利伊吹、佐佐木淳、杉山明子著　有斐閣

《社會心理學》（New Liberal Arts Selection）池田謙一、唐澤穰、工藤惠理子、村本由紀子著　有斐閣

《心理學‧入門》佐藤達也、渡邊芳之著　有斐閣

《挑戰複雜的社會心理學》龜田達也、村田光二著　有斐閣

《性格的評量與表現—從五大人格因素論的觀點切入》柏木繁男著　有斐閣

《新‧心理學的基礎知識》（有斐閣 BOOKS）中島義明、箱田裕司、繁桝算男編　有斐閣

《認知心理學 - 探索知識架構 新版（有斐閣 ARMA）》道又爾、北崎充晃、大久保街亞、今井久登、山川惠子、黑澤學著　有斐閣

《從流變讀心理學史—世界與日本的心理學》佐藤達也、高砂美樹著　有斐閣

《心理諮商辭典》國分康孝編　誠信書房

《誠信 心理學辭典》下山晴彥、遠藤利彥、齋木潤、大塚雄作、中村知靖編　誠信書房

《人際社會心理學重要研究集〈1〉社會勢力與團體組織的心理》齊藤勇編　誠信書房

《人際社會心理學重要研究集〈2〉人際吸引力與人際需求的心理》齊藤勇編　誠信書房

《人際社會心理學重要研究集〈3〉人際溝通的心理》齊藤勇編　誠信書房

《人際社會心理學重要研究集〈4〉環境文化與社會化的心理》齊藤勇編　誠信書房

《人際社會心理學重要研究集〈5〉人際知覺與社會認知的心理》齊藤勇編　誠信書房

《人際社會心理學重要研究集〈6〉人際關係中的自己》齊藤勇、菅原健介編　誠信書房

《人際社會心理學重要研究集〈7〉社會心理學的應用與發展》齊藤勇、川名好裕編　誠信書房

《圖解心理學入門 第 2 版》齊藤勇著　誠信書房

《圖說 心理學入門 第 2 版》齊藤勇編　誠信書房

《個人當中的社會〈展望 現代社會心理學 I 〉》浦光博、北村英哉編著　誠信書房

《修訂新版 社會心理學用語辭典》小川一夫審定　北大路書房

《說服中的抗拒效應研究 - 侵害自由的社會心理學》今城周造著　北大路書房

《單純曝光效應研究最前線》宮本聰介、太田信夫著　北大路書房

《以社會認同理論為基礎的黑羊效應研究》大石千歲著　風間書房

《印象形成中的人際資訊統整過程》川西千弘　風間書房

《團體心理學》磯貝芳郎　講談社

《臨床心理師指定研究所應試對策 10 項鐵律 &100 個關鍵字 心理學篇》河合塾 KALS
審訂，宮川純著　講談社

《最新 心理學事典》藤永保審訂　平凡社

《心理學辭典》Andrew M. Colman 著，仲真紀子審訂，岡之谷一夫、泰羅雅登、中釜
洋子、黑澤香、田中綠編　丸善

《心理學 第 4 版》鹿取廣人、杉本敏夫、鳥居修晃編　東京大學出版會

《人類的四種氣質：日常生活中的精神科學》魯道夫‧史坦納著，西川隆範編譯　風濤社

《圖象學習心理學：行為與認知》山內光哉、春木豐編　科學社

《從相似中觀察到的心》大西仁、鈴木宏昭編著　共立出版

《戀愛的科學：相逢與別離的心理學》越智啟太著　實務教育出版

《團體內互酬行為：內團體偏愛》神信人著　現代圖書

《交換的心理學：喬治‧荷曼斯的社會行為論》橋本茂著　世界思想社

《為什麼常識不可靠？寧可沒常識，也不要因為常識而壞事》鄧肯‧華茲著，辻龍平、
友知政樹譯　筑摩書房

《性格的理論（性格心理學新講座 I）》本明寬編　金子書房

《心理學史》大芦治著　中西屋出版

《心理學史》（心理學要點系列）佐藤達也、鈴木朋子、荒川步編著　學文社

《圖說 佛洛伊德 精神的考古學者》鈴木晶著　河出書房新社

《圖說 榮格 自我實現與救贖的心理學》林道義著　河出書房新社

《易如反掌！搞懂心理學用語》澀谷昌三、小野寺敦子著　神吉出版

《易如反掌！搞懂發展心理學》小野寺敦子著　神吉出版

《比一比就知道！佛洛伊德和阿德勒的心理學》和田秀樹著　青春出版社

《圖解雜學 人際關係心理學》齊藤勇著　NATSUME 出版

《圖解雜學 心理學入門》松本桂樹、久能徹審訂　NATSUME 出版

《圖解雜學 搞懂這個世界！社會心理學》齊藤勇著　NATSUME 出版

《史上最強彩色圖解 專家教你徹底搞懂心理學》大井晴策著　NATSUME 出版

《臨床心理學 常見關鍵字 & 關鍵人物事典》心理學專門校 5 學院著　NATSUME 出版

《有趣到一讀就懂！心理學讀本》澀谷昌三著　西東社

《好玩又好懂！心理學入門》齊藤勇著　ASPECT

《10 幾歲就開始學 心理學圖鑑》馬可士‧威克斯著，約翰‧米登霍爾博士審訂，渡邊
滋人譯　三省堂

《心理學大圖鑑》凱薩琳‧科林（Catherine Collin）著，小須田健譯，池田健用詞審訂
　三省堂

《社會學用語圖鑑》田中正人編著，香月孝史著　PRESIDENT 社

《哲學用語圖鑑》田中正人著，齊藤哲也編、審訂　PRESIDENT 社

《倫理用語圖鑑》濱井修審訂，小寺聰編　山川出版社

《再讀一次山川哲學——用詞和用語》　小寺聰編　山川出版社

高等學校公民科倫理教科書　東京書籍／清水書院／山川出版社／數研出版

索　引

●日文版審訂者介紹

齊藤勇（ISAMU SAITO）

人際心理學家，立正大學榮譽教授，大阪經濟大學、民答那峨國際大學客座教授，日本商務心理學會會長。1943 年生，早稻田大學文學研究所博士課程畢業，取得文學博士學位後，曾赴加州大學深造。專長為人際、社會心理學，並積極透過上電視節目和寫作書籍，致力推動心理學的普及，還曾擔任電視節目《衝啊！心理學》（日本電視台）的審訂顧問，堪稱是帶動日本心理學熱潮的推手。他的著作、編著和審訂作品甚豐，包括《學會心理分析》（三笠書房）《圖解雜學：看外表就明白的外型心理學》（NATSUME社）、《圖解 人際關係心理學》（誠信書房）、《和任何人都能聊下去的「回應」訣竅》（文響社）、《男女往來零障礙：心理學辭典》（朝日新聞出版）等。

●編輯、作者介紹

田中正人（MASATO TANAKA）

1970 年生，倫敦藝術大學倫敦傳播學院畢業，於 MORNING GARDEN INC. 從事以圖像類為主的書籍撰著、編輯和製作業務。著有《哲學超圖解：世界 72 哲人 × 古今 210個哲思，看圖就懂，面對人生不迷惘！》、《哲學超圖解 2【中國、日本、歐美當代哲學篇】：中西 72 哲人 ×190 哲思，600 幅可愛漫畫秒懂深奧哲學，讓靈魂更自由！》、《社會學超圖解：古今 76 名家 ×135 概念，400 幅可愛漫畫秒懂社會學，活出獨一無二的自我》（PRESIDENT 社）等。2011 年曾獲 GOOD DESIGN 獎。負責本書撰著、編輯，以及插圖的指導與草圖繪製等工作。

● イラストレーション

タッチ（作画） フィニッシュワーク（ペン入れ）

玉井麻由子（MORNING GARDEN INC.）

ディレクション コンテ（ネーム） カラー

田中正人（MORNING GARDEN INC.）

● 編集協力

橋本雅生

● ブックデザイン

田中正人（MORNING GARDEN INC.）

國家圖書館出版品預行編目資料

圖解心理學大全／田中正人著；張嘉芬譯. -- 初版. -- 臺北市
：商周出版：英屬蓋曼群島商家庭傳媒股份有限公司城邦
分公司發行，2021.01
　　　面；　　公分
譯自：図解心理学用語大全
ISBN　978-986-477-973-4（平裝）

1. 心理學　2. 通俗作品

170　　　　　　　　　　　　　　　　　　109020724

BO0322

圖解 心理學大全

原　書　名／図解 心理学用語大全
作　　　者／田中正人
譯　　　者／張嘉芬
企 劃 選 書／陳美靜
責 任 編 輯／劉芸
版　　　權／黃淑敏、翁靜如、吳亭儀、邱珮芸
行 銷 業 務／黃崇華、周佑潔、王瑜、林秀津

總　編　輯／陳美靜
總　經　理／彭之琬
事業群總經理／黃淑貞
發　行　人／何飛鵬
法 律 顧 問／元禾法律事務所　王子文律師
出　　　版／商周出版
　　　　　　115台北市南港區昆陽街16號4樓
　　　　　　電話：(02) 2500-7008 傳真：(02)2500-7579
　　　　　　E-mail：bwp.service@cite.com.tw
　　　　　　Blog：http://bwp25007008.pixnet.net/blog
發　　　行／英屬蓋曼群島商家庭傳媒股份有限公司城邦分公司
　　　　　　115台北市南港區昆陽街16號5樓
　　　　　　讀者服務專線：0800-020-299　　24小時傳真服務：(02) 2517-0999
　　　　　　讀者服務信箱E-mail: cs@cite.com.tw　　劃撥帳號：19833503
　　　　　　戶名：英屬蓋曼群島商家庭傳媒股份有限公司城邦分公司
訂 購 服 務／書虫股份有限公司客服專線：(02) 2500-7718；2500-7719
　　　　　　服務時間：週一至週五上午09:30-12:00；下午13:30-17:00
　　　　　　24小時傳真專線：(02) 2500-1990；2500-1991
　　　　　　劃撥帳號：19863813　　戶名：書虫股份有限公司
　　　　　　E-mail: service@readingclub.com.tw
香港發行所／城邦（香港）出版集團有限公司
　　　　　　香港九龍土瓜灣土瓜灣道86號順聯工業大廈6樓A室
　　　　　　Email：hkcite@biznetvigator.com
　　　　　　電話：(852)2508-6231　　傳真：(852)2578-9337
馬新發行所／城邦（馬新）出版集團　【Cite (M) Sdn. Bhd.】
　　　　　　41, Jalan Radin Anum, Bandar Baru Sri Petaling,
　　　　　　57000 Kuala Lumpur, Malaysia
　　　　　　電話：(603)90578822　　傳真：(603)90576622
　　　　　　Email：cite@cite.com.my

封 面 設 計／黃宏穎　　　　　　　內頁設計排版／唯翔工作室
印　　　刷／韋懋實業有限公司
總　經　銷／聯合發行股份有限公司　電話：(02) 2917-8022　傳真：(02) 2911-0053
　　　　　　地址：新北市新店區寶橋路235巷6弄6號2樓

■ 2021年1月14日初版1刷　　　　　　　　　　　　　　　Printed Taiwan
■ 2024年3月07日初版6.3刷

城邦讀書花園
www.cite.com.tw

定價／450元

ISBN：978-986-477-973-4　　　　　　　　　　　版權所有・翻印必究